冯为中 —— 著

别输在不懂管理上

线装书局

　　每个人都会犯错误，对于从事具体管理工作的人来说，不犯错误几乎是不可能的。但让人疑惑的是，有些管理者总在不断重复相同的错误。为什么错误的管理行为总在发生？为什么管理错误如此难以避免？管理真的这么难吗？答案当然是否定的。实际上，管理者之所以在同一个地方不断犯错，并不是因为他们没有成功管理者的方法、行为和习惯，而是他们不知道哪些管理行为是错误的。如果管理者能有所借鉴、有所预知，知道管理过程中哪里该深、哪里该浅，那么很多错误也就不会发生了。因此，总结这些颇具典型意义的错误管理方法、行为和习惯，对于改善管理成效和提高管理者自身能力来说，就显得尤为重要。

　　本书作者正是基于此点考虑，总结了管理者在具体管理过程中最容易犯的错误，专门从错误角度与管理者谈管理问题。目前管理类图书很多，但大多是教科书式的说教，没有考虑实际情况，读后常令读者有不知所云之感；并且这些书多是从正面讲应该如何如何做，读起来很雷同，可操作性就显得很弱。本书正好相反，它从分析错误入手，使你有效减少管理错误，对已经发生的错误做出合理补救，并给管理者提供了明确方法，可操作性很强，具有很强的现实指导意义。

　　本书的总结典型错误分析模式为："管理事典""深入分析""正确方法""妙语点评"。在"管理事典"中，多采用实地场景中的对话方式，将管理者常见的错误形象地表现出来。这样做可以使人产生直观和身临其境的感觉，甚至恍若刚刚发生在你身边的事情，从而产生强烈共鸣。接下来是"深入分析"，对案例和这种典型错误作了较为详细和透彻的分析。这种分析并不是就事论事，而是尽量结合相关的理论和经验，从更高的层次上把握和阐述。"正确方法"是本书的重点，主要内容是介绍如何避免犯错，以及错了如何去弥补，正确的步骤和具可操作性的指南都包括在此部分中。为使各位读者能够一目了然，对每一个步骤和措施都加以精细阐释，力求做到简明扼要，从而便于读者借鉴、仿效。"妙语点评"部分可以说是画龙点睛之笔，它将最具典型意义的管理错误以忠告或警示的形式呈现，力图给你一个全新的管理启示、思维上的脑力激荡。

　　成功有时是很难效法的，但失败是可以避免的。从失败中吸取经验和教训才是管理者的必修课。人是管理中最活跃的因素，也是变动最多的因素，也永远是管理的难点，所以，本书偏重于人员管理方面的内容：管理中的忌讳以及误区，列举最可能犯的种种错误，分析其成因，及避免的效方法。这些方法便于理解，易于操作，希望对广大管理者能有一些启发，能从错误中吸取教训，尽可能地减少失误，使那些可能会让你在管理过程中摔跤的绊脚石变成走向成功的铺路石，从而取得更好的业绩，一步一步走向职业的巅峰。

目　录 // CONTENTS

第一章

与下属沟通中
可能犯的错误

从头管到脚

不要让员工成为"装在套子里的人"。

管理事典 ————————

"现在，克莱姆，"麦克开始了对他的员工的工作指导，"你来对我们的账目余额的核对进行监督，确保公司的预算不超标。当你看到这一栏超过 130000 美元或那一栏超过 27000 美元，或者当这两部分加起来超过这个数字时……"

1 小时 15 分钟以后，麦克向克莱姆解释完了收支平衡表中的每一栏，详细地讲解了这一栏是用来衡量什么的、他需要找出什么，或者那一栏容易忽略掉什么以及谁将用到这条数字信息，推导出某个数字要用哪个公式，等等。

但事实上，他真正需要对克莱姆所说的只是："在每月的财务报告出来的时候，汇总出几个项目栏的总额，然后向我报告数据是否超标了。"

1. 很明显，你过多的指点会让你的员工无所适从

太多的细节会掩盖真正的工作重点。当你离开克莱姆的办公桌后，他是否知道他是应该核查全部的系统账目表，还是应该仅仅注意

一些有关的开支项目的数据呢？任何一个人都有他自己的工作方式，你这样清楚地告诉他怎么做，会让他无法按照自己的方式工作，而且对你的指点也不能明了。

2. 你的员工永远也学不会自己做事情

像上面案例这样，你将你的一切经验都告诉了他，他就会完全按照你的方式去做，不会亲自去实践，甚至无法面对困难，一旦有什么挫折，他就会想到你，而不会想办法自己去处理。

3. 员工工作中没有自由度

你对你的员工从头管到脚，会让你的员工失去自由，他们的思路、工作方式等都束缚在你的这些所谓的帮助之中了，发挥不出他们自己的能动性。这个团队的力量变成了你一个人的力量。纵使你有三头六臂，你又怎能敌四面八方呢？

4. 加大了管理者的工作量

像麦克这样做，无形中加大了管理的工作量，将本来属于他的那些工作时间白白地浪费在交代上了。而他的其他工作也可能因此而无法顺利进行。

通用电气公司前首席执行官韦尔奇曾为公司高层管理人员做了一场别开生面的培训游戏。游戏前一天，他给每个参加者发了一顶耐克帽子和一双耐克球鞋，然后问：今天为什么发帽子和鞋子？员工们说，无非为了明天的登山活动。韦尔奇又问：假如还发衣服乃至内衣

妙语点评

管理大师杜拉克说，注重管理行为的结果而不是监控行为，让管理进入一个自我控制的管理状态。为了进入这种状态，管理者应该管好"头"和"脚"。"管头"最重要的是解决"做什么"和"谁来做"的问题：管理者应该清晰地描绘企业的未来，聚焦战略路线，把"做什么"这个问题想清楚，并透彻地讲给部下，给他们指出极其明朗的方向。

裤给你们，大家会有什么感觉呢？这时，他们不约而同"嘘"了一声，连连摇头说："不要，不要！感觉怪怪的，好不舒服。"韦尔奇说："对了！你们不要，我也不该给。"管理之妙就在于只"管头管脚"，千万不要"从头管到脚"，只有这样，管理才会变得越来越简单。

但是，许多管理者习惯于相信自己，不放心他人，经常不礼貌地干预别人的工作过程，这可能是所有拙劣领导者的通病。问题是，这个病会形成一个怪圈：上司喜欢从头管到脚，越管越变得事必躬亲、独断专行、疑神疑鬼；同时，部下就越来越束手束脚，养成依赖、从众和封闭的习惯，把最为宝贵的主动性和创造性丢得一干二净。时间长了，企业就会得弱智病。

正确方法

管理者如何才能做到不从头管到脚？如何才能充分授权？有两个关键因素要把握：

1. 搭好平台，让合适的人到合适的地方去做事

美国微软公司项目开发效率很高，其原因之一就是给项目小组配置充分的工作资源，包括资金、人员、工具等。这是因为，巧妇难为无米之炊。管理企业不是做官，而是做事。身为管理者，必须给部下创造一个宽松、信任并能获得强

有力支持的工作环境。韦尔奇说："我的工作是为最优秀的职员提供最广阔的机会，同时最合理地分配资金。这就是全部。传达思想，分配资源，然后让开道路。"合适的人到合适的地方去做事，同时获得合适的空间和资源，这样，员工的潜能自然就会迸发出来。

2. 让工作结果成为衡量成败的唯一标准

就如同进行越野比赛，只要把起点、终点和比赛路径确定下来，每个人都可以按自己的方式去跑。至于谁快谁慢、为什么快为什么慢，自然会看得清清楚楚。比如，美国有不少高科技公司采取弹性工作时间：不规定员工上午干什么、下午干什么，对于特定的任务，只是给定一个完成期限，具体的过程就由员工自己来安排，最终以结果来衡量工作业绩。公司给予员工足够的空间，员工则回报公司极大的努力，形成一种良性循环。由此可见，把实现结果的过程交给部下，用过程的结果来衡量部下，这实在是一种既简单又有效的管理方法。

不能认真倾听下属意见

倾听是管理者与员工最好的沟通方式。

管理事典 ————————

有一天，迈克正埋头在办公桌前，想完成一份重要的报告，此时杰克走进来询问是否能和他谈一谈，迈克说："没问题。"然后继续写报告。迈克写了一分钟后才发现杰克没有说话，当他抬起头，看到杰克坐在椅子上，耐心地等他完成手边的工作。迈克要他说明来意，但杰克说："我等你。"迈克说："没关系，我在听。"杰克回答："你没有在听。"杰克的话让迈克十分惊讶，于是他放下笔，并说，"我现在工作很忙，但是我可以一边工作一边来听你说。"

可是杰克却走了出去，令迈克很疑惑。但他更想不到的是，第二天杰克就离开了公司，并把本来要告诉他的一个非常重要的市场信息告诉了他的竞争对手。

倾听是人类沟通最有效的工具之一，可惜的是，大多数的管理者都不太擅长倾听。只有少数管理者懂得如何倾听，并把它应用到实际的管理工作中去。

多数人都会同意说服力是管理工作成功的关键，但却有许多人不相信倾听可以说服其他人。管理者必须倾听下属的意见，让他们感到自己的重要性，并让他们觉得自己不是用来完成公司目标的工具。

当管理者选择倾听他们的意见

深入分析

当杰克要向迈克反映情况时，他还继续写报告，没有倾听杰克的谈话，迈克不但失去了一次挣钱的机会，而且失去了杰克这个人才。还有一点就是，他这种做法的最大危害就是他的其他员工以后再也不会找他反映情况了。如果迈克当时哪怕只是停下笔，正视着杰克，杰克也不会就这样走人了。

时，就给予了他们最宝贵的资源，那就是——时间，光这一点就能充分表达管理者对他们的重视，并由倾听肯定他们的价值和重要性。在这个过程中，会让他们觉得自己很重要，进而会较乐于接受管理者的计划。

具有宽阔的心胸、柔和的态度，能够让人自由自在畅顺谈话的管理者，会使员工无形中减少许多困扰。在这种管理者手下工作的员工，可以当场将心中的不满完全透露出来，转而以开朗的态度工作。

倾听是一门可以通过训练掌握的技巧。很多人认为听是一种被动的行为，他们很可能会感到烦闷，如果不参加谈话还可能会感到无精打采。善听不是消极的行为，它是积极的行为，听者对于交谈的投入绝不亚于谈话者。人们不真正去听的原因是不愿受外界新信息的影响，他们不愿面对别人对世界的看法。因为在这些新知识和新感悟的基础上，就必须改变他们自己的观点和已经形成的看法。对很多人而言，他们是不愿意改变他们一贯的思维方式的。他们认为，回到自己驾轻就熟的东西上总比去实验新的东西要安全稳当得多。

当员工向你抱怨，最希望先得到你的共鸣，再获得解决方法。尝试站在员工的立场想想，重复他所提出的问题，并让他知道，你了解他的心情。先使员工的情绪平静下来，既然员工有勇气找你面谈，一定是对工作岗位或某方面感到烦恼。如果一下子走入正题的话，他的语言组织能力和情绪未能很好地配合，很容易会说出对你不敬的话。首先让他舒适地坐下，关切地表示欢迎他把困难说出来，表示你有耐心听他的意见，然后再慢慢转入正题。

正确方法

管理者要主动听取员工的意见和看法，总认为自己永远是对的老板不是好老板。其实，员工总希望自己的聪明才智被老板赏识，他们讲话并不信口开河，因为他们谈话的对象是你——他的顶头上司兼企

妙语点评

有人认为，只要让自己坐在高高在上的位置上，别人就得听他的。其实不然。不信你看，历史上重权在握的皇族们怎么不能长久地保持他们的统治呢？你要明白一个道理：有感召力才能让下属自愿追随。自古以来，能成就大事的人都懂得为自己储备人才。很好地倾听下属的声音，就是你走近员工的第一步，也是聚拢人才的第一步。

业的管理者，他们讲的话是多日思索的结果。这正如一位伟人所言：真理常常掌握在群众手里。

倾听是很重要的管理技巧，这里有几个简单的方法供管理者参考。

1. 态度要端正

千万不要摆出你是一个老板的架势，那么你的员工可能就不能将他心中的真实想法表达出来。而且，这样做也很容易伤害说话人的自尊。上面的案例中，杰克就是因为迈克只给了他一个耳朵，而且可能连耳朵也没有给他，他才决定辞职，去另寻明主。

2. 聆听弦外之音

当你在倾听时，必须找出说话者隐藏的感觉和情绪。因为你们的位置毕竟不同，有些时候，他并不能直接地向你表达，而是选择绕圈子的方式。一项知名的沟通研究显示，当我们在诠释说话者的意思时，有 38% 的诠释是根据说话者的语调。因此，当你在倾听时，要特别注意说话者的语调，因为里面很可能隐藏着说话者的真正意思。

3. 要有敏锐的观察力

一份报告指出，55% 的沟通是根据我们所看到的事物，良好的倾听者会观察说话者的一举一动。一名保健组织的总裁接受电视访问，当他被问及有关他的丑闻时，嘴上虽然直喊他是清白的，但他的表情却明明白白地写着："我就是有丑闻，怎么样？"

4. 要对所听到的情感做出反应

仅仅听到说话者所表达的感情是不够的，还应当对说话者的情感作出适当的反应，这样才能使说话者知道他所要表达的内容对方都明白了。有时候，说话者所要表达的感情远比他们所表述的内容重要。正如当有人说"我简直想把这台该死的打字机扔到垃圾堆里"时，对这句话本身的内容作出任何反应都是荒谬的，而对这句话所表达的情感做出反应才是重要的。在这种情况下说"你肯定很灰心或肯定累死了"才是较适合的回答。

5. 表现出你非常乐意倾听

因为所有的倾听都开始于我们参加对话的意愿。倾听的动作可能是人类最不自然的动作之一，因为我们得抛开自己的需要和时间表，来迎合他人的需求，但是这却违背基本的人性。这也就是良好的倾听习惯，须费一番工夫才能精通的原因。

6. 与你的倾诉者对话

这里所指的参与，是指借由积极的回馈而与说话者联系在一起。参与对话指的是给予说话者回馈，好让他知道你正在努力听他说话。

7. 注意力集中

这是尊敬说话者的最起码的表现。聆听者的尊敬会使说话者觉得有尊严。当你未全神贯注地倾听对方说话时，你已在无意间冒犯了对方。尊敬说话者指的是，全神贯注于说话者，不打岔，不敷衍应答。

不能给员工以家的感觉

温馨的家庭是员工最好的工作调节剂。

管理事典

"那么，米丽，今天早上你到凯尔的办公室去了，为什么不打电话告诉我？你难道不明白我需要知道你在什么地方吗？"

"等一等，头儿。我每隔几天到凯尔那儿，是去看看有没有新的索赔案，同理赔员谈谈心。对于别的任何一个经理，我从来都没有必要汇报自己的一举一动，搞不懂你为什么要我这么做！"

从某种程度上说，一个企业就是一个大家庭，而管理者就是这个大家庭的家长。

企业由人组成，企业的发展离不开人。员工的事就是企业的事，关心照顾退休员工会使在岗员工安心工作；关心有困难的员工会使他们对企业更加忠诚。只有关心员工、上下同心，企业才能形成团结向上的气氛，共同进步。

下属在对自己的领导非常信赖的情况下，即使是受到领导的批评，也

深入分析

在现代企业中，管理者与被管理的关系不再像工业大生产时代那样壁垒森严，现代企业组织使得我们与周围下属的关系变得就像接在一起的火车车厢一样，偶尔有一两个轮子脱轨都会造成很大的问题。作为管理者，如果你的行为不能给员工一种温馨的感觉，那么你的人际关系就很难维持下去。

会心悦诚服，虚心接受。相反，如果一位领导在下属心目中留下的印象是"他呀，一边待着去吧"，那么他的批评就只能让下属加剧内心的反感，效果肯定是会适得其反。这样的领导，对人才培养起副作用，至于对工作，更是可想而知，绝不会产生什么好的作用了。

所以，要管好人、培养人，领导首先要做的事就是在自己与下属之间建立起相互信赖的关系，这是一个先决条件。

试想，如果一个领导连下属的困苦都不了解，只一味地强迫命令他好好工作，这能行得通吗？因此，应该认真听取下属意见，深入了解凡是涉及下属生活中的一切问题。如果因为什么事情使你失去了下属的信赖，那么不管你怎么努力，管理和教导工作都将无法按正确的方法进行。

另外，人只有在全神贯注、拼命工作的状态下，能力才能得到提高。在对工作毫无兴趣的情况下，人是不可能取得进步的。

正确方法

要当好"家长"这一角色，做一名称职的"家长"，必须做到以下几点：

妙语点评

雇主与雇员、管理者与被管理者应该成为历史的概念。你应该让你的组织跟上时代的脚步，在一个分享民主与参与管理的氛围中建立起你温暖的大家庭。当无数个小家庭融入到组织这个大家庭后，员工们从他们小家庭成员的笑脸上得到了身为组织一员的荣耀，同时也意识到，只有组织这个大家庭发展了，才有他们小家庭的美满幸福。这比起那种所谓的"座谈会"所具有的效力要强得多了！

11

1. 尊重员工是企业管理政策的立足之本

美国 IBM（国际商用机器公司）提出的口号是"尊重个人"。如果员工不能在公司受到尊重，就谈不上尊重和认同公司的管理理念和企业文化。作为管理者，更应该身体力行，把尊重员工落到实处，而不只是停留在口头。

2. 体贴、关怀员工

在美国，当别的经理都在忙于同工人对立、同工会斗法时，国民收款机公司的创始人帕特森却探求出一条新的道路。他为员工在公司建筑物里建造淋浴设施，供上班时间使用；开办内部食堂，提供廉价热饭热菜；建造娱乐设施、学校、俱乐部、图书馆以及公园等。别的经理们对帕特森的做法大惑不解，甚至嘲笑他这是愚蠢的做法，但他说，所有这些投资都会取得收益的，事实证明了他的成功。

3. 精心保护员工的利益

作为企业管理者，理当是员工的"保护人"。也就是说，要竭尽全力地维护员工的种种切身利益，如经济利益、政治利益、文化利益、法律利益等。这往往就是许多员工最为关心的现实问题。

美国柯达公司在这方面往往有别人意想不到的绝招。伊士曼早在1912年就在柯达公司建立了当今早已风行的"红利"制度，工人们除了每月领到比其他公司优厚的薪金外，每年还可以根据自己为公司所做贡献的大小参加分红，这在美国企业中是首创。1919年，当其他公司都在竞相效仿时，伊士曼又开始了"入股制"，即鼓励员工入股，把自己在柯达的1/3股权让给员工分享。这两项制度延续至今，工人得到的"红利"与"股息"随着企业的兴旺而逐年上涨，怪不得柯达公司所在地纽约罗彻斯特的商人，每年都热切地盼望柯达分红这一天——3 月 15 日后的第一个星期五，他们总是以种种喜庆的形式欢迎这一天的到来，每一个老板都千方百计招揽更多的生意，成为这笔红利的间接受益人。

不尊重员工的隐私

尊重员工的隐私，就是尊重自己，尊重企业的未来。

管理事典 ———————

主管杰克想请露茜替儿子生病的凯莉到外地出席会议："露茜，这次需要出差在外一个星期，我也知道你不乐意，但是凯莉的独生子病得很重，很需要她的照顾，我总不能在这个时候让她出差。"

露茜很不情愿地答应了。不一会儿，凯莉又推门进了杰克的办公室。

"我还以为可以信任你，露茜刚刚跟我要会议邀请信，说她很为我儿子的病难过。如果我想让别人知道我儿子的病情，我会自己告诉他们的，用不着你为我四处散布！"

问题在于，尽管不甚情愿，很多

员工还是不得不让你知道一些事情。你是头儿，他们得让你了解一些个人问题的细节，以便向你解释自己为什么会旷工、为什么要求给予方便，等等。让你知道这些事情的唯一原因是为了在工作与个人要求之间做出某种重要的安排，因为他们没有别的办法可想。

如果某个员工真的乐意告诉你一些私事，完全是因为他相信你判断和处理事情的能力。

他希望你不会在得到明确的许可前，在办公室里大肆宣扬工作之外的私事。

如果你不幸这样做了，那会让员工觉得你辜负了他对你的信任。尽管是出于好意，可这正是问题的症结所在。

不要谈论员工隐私，即使你是出于一片好心，目的是帮助他。这些谈论他人的短暂快乐值得让你赔上可能随之引发的长期损失吗？假如你觉得这阻止了你谈论别人的权利，你最好再想想！有很多细微的因素都可能使你的领导威信丧失，你的谈论可能是其他员工的话柄，你的不好的名声会因此传开。

正确方法

无论如何，作为一个管理者，你在员工心里的形象，最基本的也应该是坚持正直、仁慈行事。也许你的一句不经意的话语就会给你引来不必要的麻烦。所以，对待员工的隐私，一定要谨言慎行。

1. 不要传播员工的隐私

你最好还是假定这些告诉你个人问题的员工希望你能就此事保密，而不管他们告诉你的是什么。隐私就是隐私，没有得到明确的许可，最好不要把这些事情告诉别人。

2. 当员工的隐私涉及公司的利益时，你也要以尊重员工为前提

如果你认为让别人知道对这位员工会有好处，或者为了公司的利益只能让别人知道，应该向他解释为什么你要把他对你讲的事告诉别人，并征求他的许可。他也许会这么说："好吧，你当然可以把这事告诉别人。为什么不呢？"而更可能出现的情形是，他会因你的体贴和细心而感激不已，以后会对你更加信任，更愿意向你吐露个人所碰到的问题。

3. 不要拿员工的隐私来说事

如果玛丽向你透露，她的丈夫因为将商业机密卖给竞争对手而被公司开除了，那该怎么办？你明白事情可能会给捅出去，弄不好还会在当地的新闻媒体中曝光。会不会有人因此在玛丽的脸上抹黑——尽管你清楚她是忠于公司的。玛丽丈夫被起诉会不会影响本公司的声誉呢？你的上司是不是也想了解发生的事情？这些都是你要考虑的内容。但是玛丽就是玛丽，她不是她丈夫。不要拿员工的隐私来界定其以后的工作。

4. 不要向其他员工打探某人的情况

这种方法是最糟糕的，可能你是出于一片好心，可是你的做法直接伤害到两个人，一个是被提供情况的人，一个是提供情况的人。

5. 每日反省

你在玩"说人坏话"的游戏吗？假如你曾经"揭人疮疤"，你能补救吗？你愿意补救吗？当你遇到某人处处贬抑你，还对别人说你或公司的坏话时，你会怎么反应（短期或长期的策略是什么）？

作为一名管理者，即使是怀着想帮助别人的初衷，也不能违背当事人自己的意愿。因为人们对困难的反应是非常个人化、个性化的。因此，帮助处于困境的员工的最好方法是：

（1）表示你提供支持的意愿，但如果被拒绝，也不要生气；

（2）不要教导别人应该怎么做，除非他希望你这样。

不能引导员工从错误中吸取教训

只有引导员工不断从错误中学习，你才能将你的管理做到高效而有力。

管理事典 ————

"艾玛，我还以为你很清楚应该怎么做，不会在没有征得我同意之前让部门承诺下一个最后期限的。"

"我想我们应该积极地对顾客做出承诺，何况我们没有任何理由不这么做……"

"你怎么想我不管。你知道，我不希望看到你们未经我的允许就做出什么承诺，明白了吗?"

有的员工对规章制度漫不经心，常常我行我素。对这些员工，有时确实需要严加管束，甚至可以把他们调到更能发挥独立性的工作岗位上去。但大多数员工并非如此，他们愿意照章办事，也希望有独立进行判断的机会。

管理者站在一个很高的角度上，他看到的应该比他的下属全面而且彻底。当员工出现错误时，就应该明确地告诉他他的做法错了、为什么错了、怎么做才是最好的，应该能给员工一个详细而合理的分析。这样，员工既明了问题的实质性，也会对你信服，否则，即使你的职责是正确的，员工因为认识的局限性也会对你加以否决，还会给你戴上一顶"粗暴的管理者"的帽子。

正确方法

管理者要想让员工取得工作的进展，就要允许员工犯错误。以下是建议管理者改正错误的几点意见:

1. 宽容的态度

作为管理者，不但要培养耐性，而且要有包容下属犯错误、在错

妙语点评

大部分员工都真心希望把工作做好，让自己引以为豪。作为回报，他们希望得到尊重，并能发挥工作主动性。即使他们的努力换来的是错误，他们也不希望管理者只是简单甚至粗暴地告诉他们"错了"，否则，他们很快就会对管理者产生抵触情绪。管理者应该与员工共同分析错误，从错误中走出来。

误中学习的雅量，更要帮助员工培养自我管理的技能。

2. 指出错误的原因

要让这位员工明白自己做错了，这种错误的后果会怎么样，下一步应该怎么做才能不重复这种错误。

3. 重视员工的错误

不要对自己说这只是偶然事件，以后不会再发生。越早处理问题，解决起来也就越容易。上面这位管理者就是这样做的——问题在于他只做到这一步，而没有继续接下来的两个步骤。

4. 了解犯错误的原因

你的员工思考问题的方式可能是正确的，动机也是好的（艾玛就是这样），但却并不全面。他可能注意到了你忽略的一方面问题，可能在进行同样的思考前就做出了冲动的反应，原因多种多样，管理者应该先了解原因。

5. 同员工一起分析

既然已经知道这位员工行事的原因，你就不仅能把自己的判断和发生的情况联系起来，还能将其与员工所采取的方法联系起来。你能向你的员工指出，想法是好的，但没有得到足够的信息使他判断失误。如果这位员工看到了你忽略的问题，你要就此向他表示谢意，看看该做什么工作。如果这位员工忽视了你的规矩，行事非常冲动，问题可能就比较严重了。但是，如果问题已清楚，处理起来就容易了。

6. 让员工改正

把需要马上改正的任务交给员工去做。即使经过最好的培训，如果没有及时实践的机会，员工也会很快忘掉所学的东西。这里最好的方法莫过于去让员工自己直面困难、直面问题，在实践中锻炼，这样，他在以后的工作中错误才会越来越少，能力越来越强，把工作做得越来越好，从而使工作趋于完美。

7. 让员工自己吸取教训

员工不对自己的错误进行反思的原因是他们不知道如何反思。缺乏自我反思首先是一个能力问题。如果员工缺乏能力，无法很好地完成任务，对他们抱怨是没有用的，你应该果断地采取措施。

8. 避免别的员工犯同样的错误

如果这是一个很典型的错误，那么管理者就应该让其他的员工都看到这种错误，并能在工作中绕过这个错误陷阱。

简而言之，如果能遵循以上几点，你和员工就都能从这个事件中得到学习。这样，下次你们就能做得更好。说这位员工有所得，是因为他更好地理解了你的规章制度；说你有所得，是因为你对这位员工的工作态度和工作方式有了更全面、更深入的了解。

不能随时调解与员工之间的矛盾

融洽的关系是整个集团工作的润滑剂，保持与员工良好的关系有助于你的工作。

管理事典

20岁的大学实习生雷妮跟布莱纳曼相处得很不好。布莱纳曼认为雷妮应该服从她，因而对雷妮经常颐指气使，总爱摆出一副老板的架势，指挥她做东做西。而涉世不深、性格独立、一肚子书生气的雷妮又如何受得了这种做派呢？她十分反感布莱纳曼的专断，于是尽可能地避开她。

有一次，布莱纳曼从一位刑满释放人员的家中家访回来，因为窝着满肚子火，不小心说了一句："现在我知道这些人为什么要蹲大狱了，他们太散漫了。"雷妮虽说没有犯过什么事儿，但她的哥哥刚好刑满释放回来，听到布莱纳曼的这句话非常生气，在后来的工作中，总是不听从布莱纳曼的调遣，让布莱纳曼伤透了脑筋。

深入分析

管理者布莱纳曼因为太过情绪化，失去判断而恶言相向，虽有悔意却已覆水难收。她因为这句不当的言论而给日后双方的相处笼上一层阴影。

布莱纳曼对员工的不尊重很让人反感，而她自己却浑然不知，仍然坐在管理者的宝座上。当她有什么不愉快的情绪时就拿员工撒气，渐渐树立了雷妮等员工的敌对情绪。

有些管理者总是试着指出他人的错误以赚取更多的掌声，把对自己的肯定建立在对别人的否定上，似乎愈激烈地展现不满和愤慨愈显现自己的完美无瑕。布莱纳曼就是这样，她的态度就是表明自己比别人更胜一筹。

布莱纳曼没有认识到她和员工之间的关系已经不断激化，甚至也没明白她在日常的工作中的错误是什么。她不承认自己的错误，那么就只好承担这种错误的后果了。

处理矛盾问题的时机，应该是在雪球尚未愈滚愈大、还没开始纠缠不清、情绪还没失控以前。如果我们对业已显露问题的苗头置之不理，即使是轻微的摩擦，也完全有可能演变成燎原之火。

正确方法

高效的管理者在对待这个问题时，一般有以下几种习惯做法，他们会：

问什么事情是必须做的；问什么事情是符合企业利益的；制订行动计划；承担起决策的责任；承担起沟通的责任；更专注于机会而不是问题；召开富有成效的会议；在思考和说话时要习惯用"我们"而非"我"。

针对上面的案例，一个高效的管理者应该做到以下几点：

1. 让自己的习惯做法更符合企业利益

探究什么事情是必须做的？注意：这个问题问的可不是"我想要做什么"，而是问"有哪些事情我们不得不去做"。即使我们在个人感情上很不情愿。比如，你不得不考虑你的一些言行对于员工所造成的伤害。认真地思考和对待这个问题，是在管理上取得成功的关键。哪作为一个管理者，你的人际关系可能随时会影响到你的下一步工作，平时的不和谐可能会成为你失败的导火索，所以，好的管理者会明察秋毫，总是能把人际关系的杠杆平衡住。事实上，每个人都不是完美无缺的，都可能会不经意地说出不该说的话、做出不该做的事，只要你能发现问题，弥补过失，就不会造成恶果。

怕是最能干的管理者，如果没有想过这个问题，也可能徒劳无功。

"这是否符合企业的利益?"它与第一个做法同样重要。不要问"这是否对我个人有利或者对股东、股票价格、员工、经理人有利"。当然，要想让某个决策生效，股东、员工和经理人都是重要的力量，必须得到他们的支持（至少是默许）。但是，他们更知道，凡不符合企业利益的决策，最终将损害所有利害关系人的利益。

2. 谨言慎行

这并不是说你要束缚自己，而是让你的那些损害员工自尊、损伤他人感情的话不要轻易说出来，甚至不要说出来。

3. 尊重每一个员工

如果人的积极性未能充分调动起来，规矩越多，管理成本越高，所以我们认为，企业管理最起码的一条规矩就是对人的尊重。

4. 经常沟通

对于自己的错误，要勇于向员工承认，及时地向他们表明你的想法，做到及时沟通，这样可以减少你和员工之间的矛盾。

因人设事

因人设事会造成削足适履。

管理事典

有一家美国大公司的一个小型分公司经理，讲述了自己的一次领导失败的经历。

事情是这样的：

大约在这个经理到这个分公司任职 6 个月后，有迹象表明他的一个部下——营销部副经理——工作表现不好。他没有按时完成他和分公司经理共同商定的任务，还和分公司经理的另外两个部下频繁发生摩擦。分公司经理向他提出的一些必要的忠告他也置之不理。尽管当时还不十分清楚他的表现会给分公司的经营造成多大损失，但分公司经理已经意识到这将是一个难题。因为这名部下负责的营销部对他的振兴公司计划至关重要。

原来，这名部下以前是干金融工作的，他在那个领域做得相当出色，后来被总公司挖过来做了营销部副经理。可是，他从来没干过营销，不具备营销专家的"市场意识"，他在与部下交流时发现自己与他们的想法完全不同。这在别人很容易理解——他不适应这个部门，可他自己却认为他在如此困难的情况下把工作开展到目前的状况已经很不错了，今后肯定会随着时间的推移而越来越好。

分公司经理经过再三考虑，认为这个人还是很有能力的，如果解雇他就会出现很大的空缺，等到再有人弥补上，肯定损失会很大。虽然他也意识到如果继续留用这名副经理会给公司带来的损失，但是，他认为营销部副经理肯定会有所突破，会从这种局面中解脱出来。

他最后还是决定不解雇营销部副经理，他用了 5 个月的时间竭尽全力帮助他，但效果不佳，营销部与其他部门人员的冲突开始频频出现。例如，产品规划部花了将近 30% 的全年预算用以市场研究，分析人员提出一份报告，结果却发现这份报告有误。公司上下顿时一片哗然，在接下来的两周里，公司所有的经理都忙着平复人们的互相指责。

接下来的情势就急转而下，第六个月，连总公司和一些大客户都察觉到他们公司的这种混乱。分公司经理面临的情况更糟糕，他一方面要和他的上司和客户解释说明事情的原因；一方面他还要安抚愤愤不平的部下，因为他们想赶走营销部副经理解决员工之间因此而产生的帮派问题。

最后，他只能将营销部副经理解雇了事。而营销部副经理对此非常气愤，将一团火气都发在了他的身上。

这名分公司经理接下来的任务就更加繁重，因为他不得不临时担任营销部副经理，即使他将每周 62 小时的工作时间延长到了 70 多个小时，还是不断受到来自各个方面的攻击和挤压。

后来，当他再次回顾此事时，他说他觉得自己不该迟迟不解雇营销部副经理，等到真正下决心要解雇他时，又觉得很难下手，无论怎么做，都会腹背受敌。

深入分析

只有在合适的岗位上才能体现人的价值。

分公司经理一直看重这名营销部副经理的优点，考虑给这名部下3~12个月的时间改进工作——虽然他已经意识到风险太大。最大的风险就是，万一他的工作没有好转，就会危及他们全盘的振兴计划。退一步说，即使他的工作可能改进，要给他足够的时间和支持也有很多困难。在这种情况下，分公司经理的其他部下已在催促他该着手解决营销部的问题，因为他们的工作也与营销部密切相关。他们不想枯坐等待，也不想配合他帮助那个营销部副经理，强迫他们合作只能把关系搞僵，从而引发一些其他问题。可是这名分公司经理为了照顾一个人，却舍弃了整个集体。其实事情已经很清楚：这个人不适合这个职位，不能因为他的能力很强，就认为他在这一领域也能如鱼得水。

　　管理者不应该漠视公司的需要而单凭某人曾经很辉煌就让他担任要职。这样做不仅让他成了一个多余的人，甚至还容易让这个人成为其他员工的绊脚石，使企业效率低下。

　　另外，因人设事，还有很多的弊端：

　　（1）人际关系复杂。从上面的案例中，我们已经看到了，不但营销部副经理的日子不好过，所有的员工都在混乱中度日，并因此而出现了帮派问题。企业的人际网络复杂，就会使企业失去应有的活力和竞争力。

　　（2）企业的具体工作没有程序。

　　（3）把企业的本位工作置于次要地位，而夸大了人情的作用。

　　（4）有能力的人受到扼杀、排挤。

　　（5）岗位职责不明确。

妙语点评

　　一名管理者若以企业目标为最重要的行为指南，就能在"因事设人"的原则指导下，逐步使员工的分配合理，给企业储备人力资源。因事设人是企业领导在任何时候都应该一以贯之的用人原则，否则，这个企业就是一盘散落的棋子，毫无竞争力，其结果不堪设想。

正确方法

　　管理者要想摆脱因人设事的陷阱，就要考虑以下几点：

　　1. 因事设人

　　企业内部有了需要分配的工作再去安排人力，这样避免人员的重复使用，或者因为对岗位的不适应导致水土不服。因事设人的标准往往有三点：一是摸透员工，二是掌握全局，三是突出实效。

　　2. 对岗位要做到明确

　　有标准好办事，管理者如果给岗位设定一个标准，以后一切按照标准办事，就会有章法可循，有效益可得。管理者应该用一个企业的目标去衡量人才，那么就会使员工的分配合理，而不会出现因人设事的情况。只有标准设定之后，因事设人才能真正比因人设事更有效！

　　3. 要有一个公平合理的人才评判标准

　　人才，只有在恰当的位置才能显示出其才能，如果只看重人才的某一方面的优势就对其作全优的定位，那么人才也就不能称为人才了。在不恰当的岗位上，还可能会损害人才在他自身优势上的自信。

　　4. 要收集员工的反馈意见

　　员工们参加的是具体的工作，适合不适合他

们是最清楚的，体察他们的需要，倾听他们的心声，会帮助管理者评判自己的任命是否恰如其分。

5. 关心员工工作的环境气氛

良好的工作环境给员工带来气氛融洽、心情舒畅的感觉，他们会觉得前途十分光明，因而乐于追求自我理想的实现。

一个公司如同一盘棋，只有掌握一定的规则和技巧，才能使每个棋子在其相应的位置上发挥功用，为全局的胜利创造可能性。相反，没有规则和技巧，这些棋子就会全盘散落，失去战斗力。

不能发挥员工的自我管理能力

如果你希望员工们学会自我管理，就必须帮助他们培养这种能力，同时要给予他们激励。

管理事典 ——————

布赖特烦躁地问莫西："这些日子，我雇用的年轻人全令我不放心。莫西，你也有相同的问题吗？"

莫西是和布赖特平级的一位经理，她也深有同感："我必须时时过问他们的工作。我把项目交给他们中的一个，外出一天回来时，他们却什么都没做。类似的事发生过多少次了，你简直不会相信。"

"我们该怎么处理这种事情呢？我想，他们给我完成的工作量，最多只有 8~10 年前的人给我完成的工作量的 80% 左右。"

"我也希望知道该怎么处理。我威胁他们，可一点用处也没有。而且，每当我发现一个能干的人，他就跳到别的地方去了。"

深入分析

现在的人都不愿意被监督，但他们却缺乏在没有监管时工作的自控力。这听起来有些可笑，但事实上我们自己也有过类似经历：当我们还是孩子的时候，常常希望摆脱父母无休止的监管，随心所欲，但是一旦真的遇到父母同时出差的情况，起初的兴奋维持不了多久就会被杂乱的生活带来的烦恼所代替。员工们也是这样，常常会给你这位主管出一些类似的难题。那些自相矛盾的要求令你无从选择，但聪明的你应该十分清楚，每个人都有向往自由的愿望，所以你应该尽可能地给他们更多自主的权利。既然你的员工无法有效地进行自我管理，那么你唯一可以做的就是培养他们的这种能力，否则这类问题便无从解决。尤其是对新员工，由于他们对周围环境仍很陌生，而且今后还有很长的路要走，所以自我管理能力对于他们至关重要。

上面例子中的两位经理并不清楚自己的问题。他们的员工可能是缺乏工作动力和责任心，也可能缺乏他们希望获得的良好培训。但这些都不是问题的关键所在，关键问题是他们的员工缺乏自我管理技能。员工不知道如何安排自己的时间和工作，而很多员工不对自己进行管理的原因在于他们不知道如何管理。

缺乏自我管理首先是一个能力问题。如果员工缺乏能力，当他们未能实施自我管理时，对他们大叫大嚷或放任不管都无济于事。

研究表明，现在很多加入工作队伍的人都不愿意被人监管，但他们却缺乏在没有监管的条件下工作的自我管理技能。同时，很多组织都在对自身进行重组，对各个层次的员工的自主性提出了更多的要求。这样就会促成了一种尴尬的困境，对一、二线上的管理者而言尤其如此。

正确方法

如果没人教会员工自我管理的技能，其他任何手段都是无效的。如何才能培养新人的自我管理技能？

1. 让每个新进员工都参加自我管理的培训

这种培训，尽管不一定被称作"自我管理"培训，但已在很多地方较为普遍地开展起来。寻找这样的培训机会：它教会员工如何合理安排自己的工作和时间，如何制订务实的计划并予以遵守，如何设定目标并激励自己实现它们。

如果你目前有一批缺乏自我管理技能的员工，就该组团把他们送去培训。他们能够互相帮助，学会运用这些技能，也能够在培训变得艰难时风雨同舟。你甚至还可以为这些需要培训的员工找一两位其他部门的管理者来上课。

但不管你会怎么做，现在就来完成这项工作。

2. 要求员工学会管理自己，并且要向他们明确这一点

你可能会同每个员工进行如下谈话：

"我要求这儿的每个人都能管理自己。这是什么意思呢？我要求你能对每一天作出计划，并且在工作中执行这一计划。当交给你一项任务时，我要求你能动手来做，或者从我、从另一位员工那里找到解决问题的方法。我要求你能处理好自己的工作，而不需要我常常监督——这也是我希望你要求自己做到的。"

妙语点评

曾经有一位立下赫赫战功的美国上将参加一个朋友孩子的洗礼，孩子的母亲请他说几句话，以作为孩子漫长人生征途中的准则。将军把自己历经征战苦难，以致最后荣获美国史上崇高地位的经验，归纳成一句极简短的话："教他懂得如何自制！"其实，培训员工更是如此，任何优秀的管理者都应牢记：管理和培训新员工的关键就在于教他们如何进行自我管理。

"我们发现，很多来这儿为我们工作的人都缺少自我管理的经验。我们会送你去参加培训，帮助你把培训中学到的知识用在这儿的工作上。如果你能花上些时间和精力，掌握这方面的技巧并不是一件很困难的事。另外还要记住，你掌握得越好，就会拥有越多的独立性，而你的工作也将越有乐趣。"

3. 把需要马上运用自我管理技能的任务交给员工去做

即便经过最好的培训，如果没有及时实践的机会，员工们会很快把所学的内容忘得一干二净。作好培训后的安排，这样当他们回来工作时，就能运用学会的技能了。员工培训结束后，你可能就已经为每个人准备好了一项任务——做这项任务时，员工会自觉地将所学知识在实践中进行验证。比如你可能会要求一位员工为某个项目制订一个计划，并与你进行讨论。

如果你有其他善于自我管理的员工，他们可能会给你一些帮助。

你要做的是，让员工运用学到的东西，并且坚持不懈。

4. 认可员工自我管理的进步

留意并认可自我管理中的每一个进步，而不管这一进步多么微小。没有什么比这更重要了。

是不是有人以前对从何入手作项目一无所知，而现在却学会了怎样起步？留意这一点，并对这位员工的成就表示认可。

接着，员工每前进一步都要予以认可。在员工越来越擅长进行自我管理之后，你对他们的认可可以逐步减少——但必须保证他们能够继续运用这些技能，并在他们成功运用时予以认可。同样，你应该时时提醒每个员工，他们从开始到现在这个阶段，已经取得了多大的进步。

5. 培养自我管理的团队

当越来越多的员工擅长进行自我管理之后，让他们来帮助训练新员工。这样做，你能够得到双重的回报。那些员工不仅自己更加擅长自我管理，还能够帮助你对其他人进行自我管理的训练。因为自己曾经有过这样的经历，他们将会懂得如何来帮助那些新员工。

苛求完美

既会下蛋又会报晓的母鸡世界上还没有出现。

管理事典 ————————

美国一家公司是搞广告推销服务的，经理斯塔姆崇尚一切成功者，对成功的属下总是又奖励又称赞，对失败者却又是扣奖金又是讽刺。他最喜欢的事是在公司员工大会上表扬一位名叫亨森的下属。亨森是公司里具有传奇色彩的推销员，他一天的最高纪录是推销了 5 万美元的产品，这对于该公司来说是个奇迹。斯塔姆总是说："你们的榜样是亨森，他能够做到的事你们也必须做到。如果不能，那么你们就是失败者，将一辈子升不了职。"这种言论使得许多年轻下属心怀不满，再对比一下亨森那惊人的推销数字，心中不由得情绪低落，充满失败感、自卑感。每当出去推销时，由于明知达不到亨森的标准，就越发消沉，能推销几个就推销几个，这样，公司的效益反而一天不如一天。

你的苛求，会让你的员工产生你不信任他们的感觉。如果你要求员工早请示、晚汇报，一举一动都得征得你的同意，也会限制他们的积极主动性，他们会一直在等待你的分派，什么工作都会推给你去做，无形中增大了你的工作负担。

深入分析

管理者管理企业，重在用人，如果苛求下属工作完美，则会打击下属的工作积极性，会限制他们自主决策的能力。部门里的工作，你不可能做到事必躬亲，这就是为什么需要员工的原因。为了使员工高效地工作，尽可能地让员工做他们力所能及的事情，不要多加干预。

你的苛求还让员工们越来越对你反感，因为你的苛求会让员工们看不到自己的希望，很容易让他们丧失信心，进而产生抵触情绪，甚至堕落下去。反正达到你的要求很难，无论怎么努力得到的都是管理者的讽刺，那么还不如不努力来得痛快一些。这样你的员工就逐渐失去工作的动力。

以下就是管理者在工作中苛求完美的一些表现：

1. 拒绝认知下属的能力

要知道企业职员人人都有工作能力，而且各人侧重点不一样，如果管理者信任员工，则应放手让他干，不要求全责备，苛求过多。

2. 对自己也苛求完美

对自己也苛求，因而事必躬亲，不给下属任何机会，使他们受到很多的限制。

3. 强调工作结果，却不注重过程

有些下属在完成经理交给的工作时，前半部分完成得很出色，后半部由于客观原因而被迫暂时停止。管理者看不到下属完成工作的全过程，而仅看到下属没有最终完成任务这个结果，从而大声训斥，打击了下属的工作积极性。

4. 对成功主观苛求

许多年轻的管理者由于对成功的迫切渴望，欲速则不达，往往以失败告终，最终导致下属产生自卑感，情绪低落。

5. 不允许下属出错

拒绝再给已失败的下属一次机会。

正确方法

对员工不要过于苛求，要从实际出发，充分挖掘员工的潜能，通过他们自己的实践锻炼其成长。以下方法可以有效地发挥员工的能力：

妙语点评

管理者应该明确哪些地方可以放手给员工，哪些则需要你的指导。同时，让员工在开始工作之前就明白你对他们的要求，给他们一些参考方法，这样，才不会在时间、工作方式上，给员工造成不必要的压力。挑剔和过分要求会令你的部下感到局促不安，并影响整个团队的士气。作为管理者，心胸豁达点，除受到员工的欢迎之外，对员工更是一种激励，如此，你的团队才可能朝气蓬勃、气象万千。

1. 照顾全局

既奖励优秀的员工，也要照顾到那些非常努力但是成绩不理想的员工。上面的案例中，管理者就是为了树立典型，将亨森捧上了天，却将其他人统统摔到了地上。面对这样一个难以企及的榜样，其他的员工都失去了信心，也不再努力。

2. 循序渐进

在年轻的员工刚进公司时，切勿对他们有过高的要求或期望，应以现实的标准要求他们，让他们循序渐进。

3. 了解员工的长处和短处

用同样的方式对待所有的员工是错误的。有些人需要严厉的规范，有些人则需要一个宽松的工作环境，这样，他们才会有激情，才有创造力。

4. 相信员工的能力，降低苛刻的条件

管理者不能将工作任务定得过于苛刻，要充分相信员工的能力，相信员工在接受经理下达的工作后，他会运用自己的知识、智慧或经验去努力做好。

5. 帮助员工分析和面对困难

员工碰到障碍时，往往会求助于资深员工或管理者。如果资深员工或管理者此时对新职员只是嗤之以鼻，这无益于新员工的成长，是一种不负责任的态度。

每一个人都希望自己是完美无缺的，但是每个人的能力却是不同的，同样的高度，有的员工能达到，可是有的就达不到。这时候管理者要允许员工有一个循序渐进的过程，只要你能调动起整个团队的积极性就可以了，没有必要让所有的人都成为比尔·盖茨。

赏罚不明

该赏不赏、该罚不罚是最伤害员工积极性的，也是导致工作失败的原因之一。

管理事典 ————————

经理将他的下属汤姆叫到办公室，很高兴地带着赞赏的口气对他说："汤姆，你的工作做得真不赖——是我几个月来看到的最好的一个。你是一流的员工，我想你会因此得到赏识的。"汤姆一副受宠若惊的样子说："哎呀，多谢了，经理。实际上，我的工作可真是件苦差事，但是尽管很苦，我还是乐意做，况且为经理您做事，我总是尽心竭力的。"

实际上，在这家公司里，汤姆是个最吊儿郎当的一个下属，但是他非常会伪装，总是在经理面前装出一副认真卖命的样子，让经理觉得他很有上进心。

他通过蒙蔽的手法获得了经理对他的赞赏，而他的工作做得一塌糊涂。因此，当经理对他赞赏有加时，引起了公司里其他员工的纷纷议论："经理居然认为汤姆很能干，哼，要不是我们帮助，他到现在都还不知道该怎么开始呢，这个经理真糊涂，居然被汤姆的假象迷惑住了。""确实糟糕透了，我们居然在一个不明真相的经理手下做事，这真是

深入分析

上面这个经理自己把自己给拴住了，赞扬某个下属做了出色的工作，但没搞清楚事实真相就这么做，其后果却是影响深远的。

一件不幸的事，不用多说也明白了。"

1. 会引起其他员工的不满

从上面的事例可以看出，公司里的许多员工都对那个经理的糊涂做法不满。

2. 会打击优秀员工的积极性

如果一个经理奖励了一个不该奖励的员工，而把应该奖励的忽视了，把其晾在一边不管不问，这会严重挫伤优秀员工的积极性，使那些优秀人才认为在这个公司做出色的工作还不如投机取巧好。

3. 会助长弄虚作假之风

因为在上面这个事例中，那个经理很容易就被蒙蔽过去，这样就会助长公司的弄虚作假之风，甚至员工会认为经理很容易被欺骗。

4. 会自毁领导形象

因为管理者的赏罚不明，使得他自己的领导形象毁损，下一步的工作会跟着陷入僵局，他分派的工作不会得到有力的实行。

正确方法

管理者如何才能不重蹈覆辙呢？以下几点也许对那些赏罚不明的经理有所启示。

1. 搞清楚事实再行动

先找出真相——无论这是值得奖励的行为，还是应该受到批评的行为。一旦将之付诸实施，管理者能够看到很多第一印象是严重失真的。

除非有非常紧迫的原因，在奖励或批评之前管理者都要想一想自己到底了解些什么。而当手头有了充分的事实，管理者往往会下意识地作出反应，而不是选择最好的处理方式。

2. 管理者的奖励或惩罚应该对事不对人

"你总能把项目按时完成，我对此非常欣赏"远要比"你当然是个好雇员"有效得多。

3. 奖励得当与惩罚得当同样重要

奖励一个下属，是为了鼓励他重复得到表扬的行为，同时也是在鼓励别的下属模仿这个员工的行为。如果某人独揽功劳得到了管理者的赞许，那么其他员工就会这样想：我们只要尽可能地揽下所有的功劳，也能得到管理者的表扬。

4. 奖惩都要真诚

虚伪的奖惩制度听起来会给下属一种虚伪的感觉。

5. 惩罚要以不伤害员工为基准

惩罚的目的是为了让员工进步，它的目的并不是将员工打下地狱，所以，在惩罚中要注意不要伤害到员工。当然，惩罚的目的也是为了规范，如果只为了照顾员工的情绪而使你的企业失去了一个行之有效的行动规范也是不对的。

6. 用精神奖励作为物质奖励的有益补充

在奖励中，一种是精神奖励，一种是物质奖励。

物质奖励和精神奖励相辅相成。物质奖励是人们从事社会活动的物质动力，奖励时重视它无疑十分重要。

而精神奖励是人们的高层次需要，精神奖励的满足是促使下属的能力发展完善的重要动力。实行精神奖励，能促使下属在愉悦的精神享受中陶冶情操，加强科学文化知识修养，使自己的能力不断发展、丰富，成为有理想、有道德、有文化、有纪律的劳动者。

漠视员工的成绩

重视员工的成绩就是对其最好的激励。

管理事典 ——————————

这个月的业绩不错，下个月一定要做得更好，罗斯福踌躇满志地走进大厅里，然而他却听到了下面的谈话：

"丹尼斯，我们上次做的报告材料是我自我感觉良好呢，还是它真的很棒？"鲍罗问。

"让我想想——我们那是提前一个星期完成的，并且分支部门的同行们也对此很满意，提出了表扬。我想这应该算是一份一流的材料了吧。"

"我觉得也是，但是你知道吗，上司居然对此一点也没提过，我知道他是一位要求苛刻的老板，一直期望我们能够做出一流的工作成绩，但是当我们真的做出了这样的好成绩时，他至少应该注意到吧，应该给我们一些表示吧。"

"可你知道吗，他的上司对这项工作是很满意的，肯定了他的领导水平呢。"

"那么为什么他就不能同样给我们一个肯定呢？哪怕是一个笑脸也好。"

"是啊，他什么都没对我们说。"

"别说了，头儿来了。"丹尼斯惶恐地对鲍罗说。

两个人一起回过头，罗斯福已经站在了他们的面前。3个人一下子都陷入了尴尬之中。

当员工做出好成绩时，管理者对此不加以重视，这是极端严重的错误，它所造成的恶果就是让你的员工很自然地得出这样的结论：这样拼命地劳动有什么意思呢？连一句好话都听不到，我们辛辛苦苦劳动得来的成绩，老板却认为是理所应当的。我们

深入分析

罗斯福在这里不能不尴尬，他并不是有意地偷听员工的谈话，但是，他这次在背后听员工说话确实很有收获，最起码，他明白他的员工需要什么。

真的没必要这么卖力地干，也没有必要对工作付出得太多，稍微降低一点工作质量也无所谓。即便我们平时的劳动成绩不怎么出色，但只要我们稍稍有些进步，老板也会发现。

员工们会有这样的思想包袱：毕竟那份报告也确实没有必要提前一个星期去完成，不是吗？我们提前完成了，老板又给了我们另一项更艰巨的任务，那么我们就和拉磨的驴没什么区别。转呀转呀，拼命

换来的也只是皮鞭。

这样一来，这个团队的工作业绩就非常有可能下降，按时甚至提前完成任务也就不可能了。

如果经理的上司注意到了那项工作做得很好，而且对此向经理提出了表扬，而经理对员工们却毫无表示，那么很容易让员工们认为他们的经理独吞了荣誉，没有把他们的成绩向上级反映。那么经理可能就会成为众矢之的了。谁会喜欢一个只顾自己的管理者呢？

正确方法

假设员工们反映的情况属实，在员工大会上你可以从适当的角度提出你的看法："由于你们做出的巨大成就，我们的上司让我对各位表示感谢，他认识到你们的表现的确不凡，你们对整个公司非常重要。"这虽然没有改变你忽视了员工们工作表现的事实，但是起码让员工们清楚了你并没有试图独吞所有的荣誉。记住：尽管如此，也不要总是这样说，除非上司真正对你说了这样的话。试图捏造事实，结果往往会让你自作自受。

如何做才能意识到员工们有了好的工作表现呢？下面将会给你提供几点窍门。

1. 对做得好的工作多加注意

你可以提名对某人进行奖励，或给他荣誉称号，抑或以某种正式的方式对他的行为给予肯定的评价或认可。但是，要分清哪些工作是做得出色的而哪些工作完成得一般，是一件较困难的事。如果你总想发现员工做得好的工作，这意味着你要睁大眼睛时刻注意，以便使你能在看到员工做好某项工作时能及时地给予表扬。虽然你也不可能做到完全留意，一个人做得好的工作有很多——也许仅仅以极有礼貌的方式去接听了一次电话——这难道就不算好的工作表现了吗？只要是好的表现，就不要把它给忽视了，一定要注意起来。

2. 表扬要尽可能做到详细具体

这样的表扬会是什么样的呢？也许是下面这几种形式之一：

"塔比萨，我想电话那头的那位客户肯定会觉得你是个热心肠，我替客户谢谢你了。"

"伦，你对我们要求你解决的问题所作的总结很好，非常全面，你几乎没有忽略任何一个小问题，而且做得有条有理，太感谢你了。"

"彼得，我不得不赶回来告诉你这个好消息，你知道我们分支机构里的同行对你设计的申请表格多么喜欢吗？他们简直就不敢相信这是你提前一个星期做出来的。这样出色的表现使我觉得我们整个团队都成了令人崇拜的英雄。我真的很感谢你，真的。如果你看见鲍罗，让他顺便到我的办公室里来一趟好吗？我想我也应该亲自向他表示祝贺和感谢。"

3. 把工作表现作为正式奖励员工的基础

如果一项工作完成后，对它的认可和奖励需要几周或几个月后才能做出来，例如对完成某项工作的员工的奖金、津贴和提成等需要在几个月之后才能颁发，那么这种表扬就失去了原有鼓励的意义。当然，很多时候是由于整个公司的认可制度导致了奖励的推迟。

在这种情况下，如果不能及时对员工进行奖励，你可以以文字的形式落实到书面上，详细地记录员工的成绩，等到工作得到了管理层中所有人的认可后再正式地进行奖励。

不要只等着公司提出正式的奖励，随时注意到团队中好的工作表现并对此提出表扬，也许这种表扬简单到就说一句："嗨，我觉得你们应该互相捶捶肩膀，我们做完了这么出色的工作。大家辛苦了！彼得和鲍罗设计的这份申请表格实在是太棒了，我知道你们几个也帮了不少忙，也谢谢你们了。"

他们可能会说："我们知道你一直记着几个月以前彼得和鲍罗设计的那份申请表格很专业，而且还是提前一周完成的。现在，公司里已经对他们的表现做出了奖励。你对这些好的工作表现都记得那么清楚，我们全体员工就能够相信我们在一个最具活力、最有干劲的团队中工作。"

不尊重员工

管理者只有在感情上能与员工进行很好的沟通，才能留住人才。

管理事典 ————————

珍妮刚升入管理层没多久，就发现了一个奇怪的现象，于是她不免常常感叹：

"现在企业中的快乐员工越来越少，员工们工作起来总是一副冷漠无情的样子。互相沟通也少了。"对于如何解决这个问题，珍妮决定请教她的助手丹尼斯。

"你能确定你给了员工快乐了吗？"丹尼斯反问珍妮。

"我一直在努力，可是难道说他们的不快乐是我造成的吗？"

"其实，你可能根本没有留意，你的一些举动已经很深地伤了员工们的心。"

珍妮对此很惊愕，她扪心自问，她一直以为自己是一个非常公正的领导。

"其实根本原因就是你对员工缺乏应有的尊重。你总是对员工呼来唤去，任意指责他们的错误。员工们很努力地工作，却总是得不到你的认可。在这种工作环境下工作的态度可想而知。"

> **深入分析**
>
> 企业管理逐步由以物为中心的刚性管理，走向以人为中心的柔性管理。企业要走向人本管理，第一步是管理者要学会尊重。

要办好一个企业，就必须处理

从成功者的经验来看，每个人的生命不过是与周围的环境进行交易的过程，如果这个交易的过程进行得好，那成功的几率就大。如果经营者只重视现在的劳动力，而忽略他们未来的发展布局，那经营者永远都在寻找劳动者，当然最后的结果是企业缺乏人才。

好自上而下的利益关系，让处于企业内部各个层次的人，在发挥自己在企业中作用的同时有一个相应的回报。建立良好的劳资关系，取得相互尊重，享受人与人之间的温暖和快乐同样是企业管理的大事。从人性上说，这是一种需要；从经济角度上讲，则更加有利于企业获得稳定的利润和长久的生存空间。

现代最新经济理论研究表明，经济系统的知识水平及人力素质已经成为生产函数的内在部分，而其外在的表现则受到人际关系的制约。

正确方法

尊重员工是一个管理者所应该具备的最基本的素质。在组织工作中，不能只靠行政命令去强制人们的意志，而要努力去了解别人并学会尊重别人。选择人们普遍接受和认可的方式，让一颗博大的仁爱之心赢得众人的支持。

美国心理学家马斯洛在《人类动机的理论》一书中，阐述了人类生存五大需要层次理论，其中第四层就是地位和受人尊敬的需要，这是人类维护人格最基本的要求。人与人之间的共同语言，只有建立在相互尊重的基础上，才能产生"你敬我一尺，我敬你一丈"的效应。

从某种意义上说，企业管理就是人际关系的

总和。

1. 刚柔并用

刚性的"哲商"制度管理和柔性的"和商"亲情管理各有所长，而历来重视人际关系的东方人常以赢得对方的尊重为追求的目标。

2. 在企业中营造一种家的文化氛围

严格标准与情感投资相结合，努力做到以法服人、以情感人，把"家和万事兴"的理念推行到企业中去。在公司创造一种家庭式气氛，互相尊重。经营管理不能只靠制度，更重要的是靠人。只有上上下下有感情，合作得好，才能调动每个人的才能，发挥他们的最大潜能。

3. 以兴趣来作为员工工作的动力

工作应该是有趣的、充实的、让人激动的。乐趣意味着挑战，也意味着工作的成长、自由与成就。如果你尊重下属，他们自然会尊重你，甚至会以责任来回报你。因此，如果员工因为责任而拥有对企业的一种使命感，他们必然会充满干劲。

4. 学会欣赏

懂得欣赏，既是一种享受，也是一项核心的修炼。这里所说的"欣赏"，有对他人能力和成就的欣赏，也有对自我超越的欣赏。人自赏容易，难能可贵的是懂得欣赏别人。一个组织、一个企业，学会了尊重别人，还只是迈出了人本管理的第一步。懂得相互欣赏，在欣赏中互相鼓励提高，则是建立人本氛围不可或缺的重要环节。

5. 用赞美的语言

真诚地赞美每个人，这是促使人们正常交往和更加努力工作的最好方法。因为每一个人都希望得到赞赏，希望得到别人的认可。在人们的日常生活中，你会惊奇地发现，小小的关心和尊重会使你的人际关系迥然不同。

肯定与赞扬的形式可以多种多样。比如，奖励团队和个人，以示你赞赏队员们所作的努力。把团队成绩作为奖励依据，奖励形式不拘一格。可以从利润中拿出一部分作为奖励，也可以是休假、午宴、晚餐等活动，或者发放音乐会、比赛的门票等。肯定与赞扬能让企业产生意想不到的绩效，绩效又是企业与员工彼此满意的标准。有绩效的员工，对自己、对公司都会感到满意，进而肯定自己的生存价值；有绩效的公司，才能获利，能获利的公司，才有可能提供优厚的薪酬与福利，也才能提升员工对公司的满意度。在彼此满意的情况下，才能营造一个令人向往的工作场所。

对一个组织来说，感情留人、事业留人、待遇留人，这三点缺一不可，但感情更为重要。

双方只有在感情上融洽沟通，公司员工才能对管理者有充分的信任，这是留住人才的最大前提，也是企业迈向人本管理的核心所在。

不对员工进行价值观建设

价值观建设很重要，它可以使团队士气提升、工作质量提高。

管理事典 —————————

杰克真的很恼火，他的员工们总是拿他的话不当一回事，他强调了多少遍要注意企业的形象，他要求员工们都统一着装，但是一些员工仍然我行我素。因此，他不得不再一次敲开了作管理咨询的詹妮丝的门。

"目前，不少企业在价值观建设中存在的通病是一般化、雷同化；还有不少企业的价值观只是挂在墙上，没有落实到行动上。在大多数企业里，实际的企业文化同公司希望形成的企业文化出入很大。这个问题在企业中普遍存在。不少企业提出的价值观只是空泛口号，不是企业领导人的价值追求，没有战略思考，而且没有强硬的制度来保证这种价值观落到实处。这是价值观建设常陷入的误区。"

詹妮丝的一番话让杰克若有所思。

价值观与处世技巧不同，就像杰克那个例子一样，价值观的分歧足以导致领导者与下属的分道扬镳。

赋予领导者的不光有权力，还有重大的责任感。权力之一就是解雇属员。除了少数没心没肺的家伙之外，解聘下属总是令人不愉快的。虽然从公司的整体利

> **深入分析**
>
> 在团体中，人们的所作所为如果不能与公开宣扬的价值观相吻合，就会迷失自我，丧失自信，其后果就是说一套、做一套。为了避免挨批，他们就会含混不清地汇报、怀有戒心地应对，工作上的结果甚至有悖于自己的期望。

益来看，解雇一个员工可能合情合理，但也总让人质疑：领导是否同样应该承担下属工作不力的部分责任。

如果一个领导者是以改革者的身份上任的，他将不得不炒掉一批人。然而，一个真正杰出的领导人，会带领那些处于当前困境中的一

班人马，突破危局、力挽狂澜。

正确方法

企业管理者应该把握价值观建设的关键点，避免陷入误区。

1. 企业的文化建设

企业文化包含物质文化、行为文化、制度文化、精神文化（价值观）。其中价值观是企业文化管理的核心。在知识经济时代，企业的发展靠员工的创造力，企业要为知识型员工的智能释放营造出良好的文化氛围，在这个阶段，企业价值观建设有特殊意义。海尔总裁张瑞敏曾经说过：在企业内部管理中，最重要的是价值观，有什么样的价值观就有什么样的制度文化，硬抄照搬是不行的。公司取得成功最重要的因素是公司必须有一整套健全的价值观，而且要严格地遵守。

2. 价值观的提炼

在价值观的提炼过程中，美国通用公司的价值观有 11 条，其中最有特点的就是：倡导无边界和壁垒的管理风格，永远追求和采用那些最杰出、最实用的好主意，而不计较它的来源。

这就是杰克·韦尔奇的价值追求和思考。他一直思考如何让企业内部员工经过交流，让 30 万人的智慧火花在每个人的头脑里闪耀。通过在

妙语点评

价值观的提出，不是时尚的语言和响亮的口号，而是源于企业家独特的价值追求及战略思考；价值观的推广，不是靠一般宣传，而是靠管理者的大力推行及强硬的制度化措施。价值观包含的内容比较广泛，总之要能使企业增强核心竞争力。用变的思想认识世界，以和的方法改造世界，企业面对复杂多变的环境，要思变、应变、改变；要解决企业发展中面临的问题，就要融会、融合、融化。

公司内部执行一项"无边界行动"，韦尔奇把 GE（通用公司）与二十世纪九十年代其他世界性大公司区别开来，在竞争中跑在前面。

希尔顿酒店的价值观是"微笑服务，宾至如归"。希尔顿酒店的老板经常问员工："你今天对客人微笑了没有？请你们想一想，如果酒店里只有一流的设备，而没有一流服务员的微笑，那些旅客会认为我们供应旅客全部最喜欢的东西吗？"希尔顿酒店的战略思考是"以微笑战胜竞争对手"。酒店业要考虑旅客最需要的东西。"一流设备 + 一流服务员的微笑"，这就是希尔顿酒店的价值追求。

3. 随时修正企业员工的价值观

随着企业的不断发展，企业的价值观也应该不断得到发展，价值观体系包括企业使命、核心理念、经营理念、管理理念、团队理念、哲学理念等。不断地提升价值理念，广泛征求员工意见，对方案进行选择、修改和补充，由高层团队经过逐字逐句推敲，最终研究确定出属于自己的价值观。

通用公司价值观推广标准有两条：一是完成公司目标任务，二是认同公司价值观。据此对公司经理人进行分类，最后有 5 个经理人离开公司，1 人是因为完不成任务，其余 4 人都是因为价值观不同。

批评方式让人难以接受

管理者的语言应该是和煦的春风，而不是怒吼的北风。

管理事典

　　秘书琼被叫到了主管办公室，她已料到不会有好事。果然这次又和以前一样，主管对她吼叫："这份计划书你是怎么写的？我用脚指头都会做的事情，你竟然做得这么糟！"

　　"可是大家都说很好啊！"琼不服地说。

　　"好？是哪个饭桶说这份计划书写得好？真不知道你有没有大脑，连这点小事都做不好，只会狡辩，公司的薪水都白给你了！"

　　"如果你真觉得我像你所说的那样的话，我辞职好了，所有的计划书你都自己写！"说完，琼摔门而去，留下仍张着大嘴的主管。

　　即使员工能够逆来顺受，那么接下来的工作也会令人不快。你能保证你的员工会完全按照你的意思去做吗？你能保证你的员工不在背地里搞小动作吗？

　　只有使你的表达达到最佳的效果，你才能够及时和员工之间搭好沟通的桥梁。

深入分析

　　与员工的交流是一个很重要的环节，我们的管理者应该给员工一个温馨的工作环境。在日常工作中，管理者在必须批评你的员工时，也要考虑你的言行带来的直接后果。如果管理者的言语粗俗无礼，而且极大地挫伤了员工的积极性，那么受压抑的员工终有一天会大声反驳，摔门而去。

另外，还要视人而定，比如，女孩子的感情一般都很细腻、脸皮很薄，其怎么能够忍受得了这样粗暴的批评呢？对于非常严重的错误，你不得不严肃处理，但也有很多好的方法可以解决。

可能管理者在管理过程中，最难处理的就是批评，无论是作为批评者还是作为被批评者，在那种特定的环境中多少都有些尴尬，甚至是互相伤害。批评的真正目的是纠正对方的错误，而不是为了打击对方。因此，艺术的批评不应伤害对方，而是通过激励他，使对方表现出好的业绩。

正确方法

一个管理者在与员工的交谈中，要使用礼貌语言，这不但表示了对员工的尊敬，同时也能显出你自己的水平。

比如说，你看到一位员工不爱说话、很害羞，你不能直接问他："你怎么不说话，这是该你说的时候了！"你可以告诉他："你是一名很出色的员工，我知道你喜欢独处，我很高兴你能完成工作。"接下来，你就可以进一步说明："我希望你能够完成得更出色，你看换一种方法好不好呢？你的同事詹妮丝在这方面就做得很好，你看能否和她交流一下？"这时，你的员工不但感激你，而且会很乐意按照你的意思去做。

妙语点评

你应该能从他的性格中找出优点，进行鼓励、表扬。这样，在平时的激励中，员工会有一个很好的心态，那么，当他不得不面对你的批评时，他也能够心平气和。人无完人，在一般情况下，你应该允许员工出错。在批评他之前，不要让员工感到惶恐不安。偶尔也有员工做出造成严重后果的事情，这时就应该让他清楚地意识到并立即采取措施进行补救。

当你不得不对你的员工进行批评时，你也要讲究方式方法，下面就是几种批评的方法，供你参考。

1. 批评一定要秘密传达给对方

如果你希望批评能够产生效果，绝对不可让对方产生反抗。批评的目的是为了获得良好的结果，而不是要让对方受挫。虽然你的动机纯正，也绝不可忘记对方接受批评时的心情。

要知道，有第三者在现场，即使是最温和的批评，也很容易引起对方的不满和怨恨。

2. 批评前要亲切交谈，并褒奖对方

给予对方亲切的言辞和称赞，对建立彼此的友好关系有很大的帮助。必须让对方知道，你并不是攻击他，以使他安心。

3. 对事不对人

批评对方时只批评对方的行为或行动，而不评判他的人格。你要把批评的焦点置于对方的行为上，方可增加对方的自我意识。

4. 帮助他修正错误

指出对方的错误时，同时要把"修正法"告诉他。你所强调的不应该是他的错误，而是修正他的错误和防止这个错误再发生。

5. 依赖而非命令对方

想让对方协助你，绝不可命令对方，而要依赖对方。"团体意识"和"参与意识"比"强制"更能获得对方的协助。

6. 语言上要委婉，不要过于粗暴

在批评员工时，应和颜悦色，不应采取粗暴的态度去批评，否则容易造成双方的对立，造成尴尬的场面，不利于双方的沟通。

7. 要注意批评的场合

一般情况下，批评不应该在大庭广众下进行，那样会使员工下不了台，应该和员工单独谈话，指出错误所在。

8. 批评要采用灵活的方式

在批评员工时，不能单一地、呆板地用严肃的说教方式，可以采用更灵活的、巧妙的方式进行批评，比如说下班回家的路上聊天时，不经意地指出员工的错误及原因，并善意地提出改正方案，帮助其改正错误。

综上所述，一个管理者应该让你的批评不是批评，只是工作谈话，这样，你的员工更容易接受。

第二章

在提升员工能力过程
中可能犯的错误

不适当的训练计划

公司的训练计划要随时修改，适应各个时期的不同需要。

管理事典 ————————

柯兰机器公司是 20 世纪 80 年代经营最成功的企业之一。就在盈利最佳的时候，公司董事长丹尼斯把管理大权交给了史密斯，此举使得公司结构有了大反转，由原先的高度集权分裂成了 5 个产品事业部。

5 个部门的经理分别主管各自的营运，只要不违背总公司的政策和计划，经理们可以自行做决策。这 5 个产品事业部分别是电脑外设、复印机、办公家具、档案系统、文具。柯兰公司的 9 个工厂内总共有 3500 名员工。

公司改组之初，一切情况都很理想，销售额和利润仍然维持以往的记录，但是在 2002 年初，训练管理人员的计划遭到了一些困扰。

原来，丹尼斯有一项引以为傲的政策，即从 2000 年起，他每年雇用 6 名大学毕业生。他认为，这项政策是厚植公司实力的基础。有 3 个产品事业部的经理都是这样加入公司的，人事经理迈克也是受惠者之一。

然而，迈克却指出，最近两年选用的人员问题不少，2001 年加入公司的6名人员现在已有4名离职而去，2002年刚加入的一批人也有不稳定的倾向。

他们联名写了一封信给迈克，指出训练计划的不当，希望他当面和他们讨论修正训练的方法与内容。

这项训练计划仍是依照多年前丹尼斯所订的标准在执行着。每个人必须在总公司不同的部门任职3个月，然后在工厂和公司的销售单位服务9个月。这样做可以使受聘者了解整个公司的全盘状况。现在这些新进人员抱怨说，受训的时间太长，而且所学的东西也不切实际。在分权的组织形式之下，总公司的权力削弱，新人在那儿学不到什么东西。而各事业部也不知道该教给他们什么知识，反而觉得他们碍手碍脚。

各产品事业部都希望能够自由聘用所需的员工。毕竟实际负责盈亏的还是各事业部主管，因此，他们应该自行训练人员来继承管理职位。当然，这些人员也可以在公司其他部门流动，以吸取管理经验。

这种培训政策无法吸引最优秀的人才，因为各事业部的名气不如总公司响亮，而且只有总公司的人事部门才有权力雇用及训练新进人员。如果各产品事业部自行选用人才，那么不出几年，新进人员便会发觉自己在狭小的事业部门前途黯淡，而纷纷离去。

各部门经理希望自行聘用人员，而总公司的管理人员又坚持在人事方面采取集中策略。新进人员对于分配给他们的工作感到非常厌烦，同时还认为公司并不愿意让他们承担实际的管理责任。

让人们贡献出才智最主要的因素就是每一个人都必须了解他对企业的重要性。这一点对年轻人尤其重要，他们的态度可以左右他们一生的事业。对于能干的年轻人，应该尽早给他们一个机会，让他们在公司担当实际而有建设性的角色。对于一些必须接受实务和理论各方面训练的人员尤其如此。

柯兰公司在处理新进人员的问题时，就应该采取这种态度。

正确方法

对于这个董事长，建议他修改训练计划，以符合新进人员的需要。

1. 训练期不妨缩短为 6 个月，由总公司出面严格控制计划的进行

其中，建议公司每年至少应该聘用 3 位企业管理硕士，这样才能吸引最优秀的青年为公司效力。

2. 对员工进行培训，要有明确的目的

一般说来，培训的目的不外乎有以下几种：提高专门业务能力；培养经营管理能力；扩大视野和形成良好人格。

妙语点评

修改训练计划，以符合新进人员的需要。训练期限不妨缩短，可以随时进行培训，各事业部主管应该有权自行训练人员来继承管理职位。新进人员应该跟随各产品事业部的经理学习经营事务。让新员工充分了解公司的整体状况和自己在公司中所充当的角色。对员工进行培训，要坚持长期不懈，不能有头无尾。

新进人员应该跟随各产品事业部的经理学习经营实务，同时在培训时应该得到一份详细的工作说明书，简要说明各项职务的内容。

在培训中，必须对新进的员工强调公司的重要性，而不只是各产品事业部的细节。这样做可以帮助新进人员了解总公司的概况以及他自己的角色。各产品事业部经理、人事职员以及新进人员的直接上司都应该和这些新人详细讨论他们未来的工作。

3. **要确定培训的对象，别忘了自己，必要时也应该为自己充充电**

可以制订一些分组计划，确定一段时间内你所管辖部门人员的培训名单，错开工作时间，给受训者以充分的时间消化吸收所学的知识。在制订这份材料之前，最好同每一位受训者进行一次深入谈话，由他们一起来决定培训内容。

4. **实施培训**

日常情况下，管理者应该多为员工搜集一些这方面的信息，可以准备一个文件夹，专门记录与员工所做工作有关的培训课程、研讨会以及学习班。当有培训的广告或通知时，赶快收入专门的文件夹里，让员工和你一样自由浏览里面的内容，以自由涉猎相关信息。

一般比较优秀的管理者都在自己企业建立一套培训机制，因为在以人为本的公司里，提高员工的素质，使之能更好地适应工作需要是十分重要的，即使对员工本人来说，往往也会十分看重公司的培训，经过培训的员工身价会大大增加。

管理者应该让你的人事经理在每年年初制订出一年的培训计划。培训计划要结合公司的人力资源现状和公司的年度发展计划制订。在对公司人力资源现状进行清查之后，将结果汇报给各部门经理，部门经理再制订本部门的培训目标。根据目标，人事部向部门员工进行问卷调查，主要了解以下几个问题：

（1）除了该培训目标以外，针对你个人，还需要什么培训？

（2）你能够接受培训的时间？

（3）对你个人参加的公司计划以外的培训，你个人能够出资多少（或公司承担多少）？

根据部门培训目标、员工问卷调查结果和部门的年度发展计划，人事经理已可以基本上确定该部门的年度培训计划。

人事经理将各部门的培训计划汇总成公司的年度培训计划，上报公司行政会议，经批准后，即可实施。

用自己的水平来衡量员工的水平

看似简单的工作可能对于新来的员工却很难。

管理事典 ————————

"富兰克，这么简单的东西，怎么到了你那里变得这么难了呢？"

"我还没有掌握要领。"

"是啊，要领其实很简单，我都已经跟你说了若干遍了，你怎么记不住呢？"

"我记住了。可是就是一操作起来还有些手生。"

"我跟你讲了那么多的东西，你记住哪些了呢？"

"老板，时间很短，而且你给我的东西很多，我总是顾此失彼。"

"这真是很糟糕。你以前是怎么工作的呢？"

"不，老板，这和我的工作方式没关系，我觉得你对我的期望过高了。"

"是啊，我也认为你能够达到。"

"不，我达不到，而且我觉得任何一个新人都很难达到你所说的要求。"

这里，管理者的第一个错误就是没有给员工一个接受的过程。

即使在你教授一个曾经做过这项工作的人的时候，他掌握起来也不如你想象的那么快。因为不同的人要求达到的标准不同，示范的形式或方法也不同，所以，不能因为他有经验就匆忙地做出结论——他会学得很快。

深入分析

上面的管理人员在训练新员工的过程中，相信这件工作简单无比，他仅仅讲了一个要领或者简单示范一下就指望别人能很快掌握了。如果你这样想，那就大错特错了。要知道，那些对你而言轻而易举的事情，对第一次尝试做它的人来说也许是相当困难的。很简单，如果员工都能达到你的水平，那么他还来接受培训干什么呢？一个管理者以自己的水平衡量员工的水平，只能造成很多的错误。

这些新员工也许急于想博得你的欢心，而不愿问一些细节问题，这样，他们看起来好像是对所要做的事都很明了的样子。他们不会重复地问该怎么做，而当你问他们的时候，他们会说"是，是，我知道了"，事实上他们却不甚了了。要认识到，对某些人来说，如果让一个老板重复讲某一细节，就意味着这个老板第一次讲得不够清楚明白，这也许会是对老板的一种污辱。因此，你的第一条金科玉律就是要有耐心。要注意观察，看看你的指示别人是否真的明白了。

第二个易犯的错误就是一次给人灌输了太多的东西，使他们消化不了。大多数人一次只能消化 3 个不同的工作步骤或指示，因此，在你接下去讲述之前，要确认员工们是否已经掌握了前 3 个步骤。不要显得紧张、焦急或不耐烦，这样有助于缓解员工们的紧张情绪。如果有人犯了错，千万别说"我刚刚才示范给你看了该怎么做的"，而最好这样说"开始的时候是容易出错。别急，试试再做一次看看，熟练就好了"。别忘了，学习是件十分容易让人疲倦的事，所以，即使你自己还没感觉到已经教累了，也应该考虑员工们也许已经是精疲力竭了。你应该在训练的过程中保证员工们有足够的休息时间。

第三个易犯的错误就是没有建立起适当的反馈渠道，因而对员工在训练的各个不同阶段的进展及成果不太了解。对你而言，这工作看起来也许是千篇一律、单调得很，但对员工而言，情况就不一样了。所以，千万别表现出训练是没什么大不了的事，枯燥乏味。相反，应该试着激起员

妙语点评

谁是员工的第一位教师呢？很可能就是你这位培训者。你要像父母对待子女一样给予他们充分的关怀，让你的培训工作也在一种温馨的氛围中进行，这样，员工就会依赖你、信任你，同时也能激励他们很快地掌握要领。对员工有一颗宽容的心，就不会造成你以自己的水平去衡量员工的水平。

工的兴趣和热情来，把工作干得更好。

第四个错误就是没有耐心，总是在抱怨、指责员工，认为员工太笨了，总是不能达到自己的要求。这会非常严重地挫伤员工的积极性，从而阻碍他下一步的接受能力。这样，员工也会非常反感你这位培训人。上面的案例中，这位员工就直截了当地告诉他的老板，不是他的不对，而是老板的不对。这种逆反心理的产生对于培训者来说是极为不利的，也会影响到别的员工的情绪。

正确方法

最好的办法是详细地解说一切，尤其是在刚开始的时候。这样做胜过粗略地讲一遍而后让员工们自己在错误中摸索。

要分阶段地进行培训，哪个要领在这一阶段应该掌握、哪个要领可以在下一个阶段再掌握，管理者做到了心中有数，员工才能明白，才不会眉毛胡子一把抓，得到了这一点，又失去了那一点，弄得丢了西瓜捡芝麻。要知道，每个人的接受能力都是有限的。

要让员工多问，多请教并不说明这名员工不能完成工作。相反，只有在实践中发现问题，并能及时加以改正才是正确的。对出错的员工进行耐心细致的讲解、示范，甚至有必要手把手地进行教授，让员工快速、准确地掌握要领，他完全掌握了要领，你才能撒手叫他自己去做，这个时候，你才可以坐在一个评判者的座位上，对员工的工作进行评价。

给员工一个宽松的学习氛围。很显然，一个在轻松氛围下工作的人要比一个整天在受教训的氛围中工作的人的业绩要好。一旦发现员工有抵触情绪，就应该坐下来，与他们好好地进行沟通，让他们明白你的意图、你的要求，以及他们在培训中出现的错误，并且也要让他们讲明他们的困难。不同背景，接受能力可能不同，接受的方式也可能不同，尽量站在员工的角度，明白他们的接受方式。在互相理解中，将你的培训计划进行到底。

只有这样，你才不会用你自己的水平来衡量员工的水平。

不重视培训

把培训看作对未来——你公司的未来的投资。

管理事典 ————————

"真不知道你这是怎么了，唐。你好像每隔一个星期就要求去读这个或那个培训班，要不就是参加什么研习班或是会议，你为什么老是让我同意你参加什么培训？"

"参加培训是为了提高技能，这对公司也是有好处的呀！""可是，我下季度的流动资金就又得减少了，好像也没看出你们培训后带来多少利润啊！"

你应该明确对员工进行培训是你的责任，而且是最重要的职责。

深入分析

随着企业全球化战略的不断发展，如果你的企业在发展过程中，不能准确把握一些自己所需要的元素，很可能就会停滞不前。这时，培训工作就显得十分必要。

它是许多基层主管工作中的一个关键部分。一个向前发展的企业，每时每刻都存在着培训的必要；因为培训是建设一支以较少投入获得最大产出的职工队伍的唯一有效的方法，而且随着技术的迅速更新，它还是对员工进行再培训的有效途径。这些员工如果不经过再培训，很可能就会失业。作为一名基层主管，你是否使员工以最低的成本投入完成任务，这些都是他人对你进行评判的标准。员工培训是你达到这个标准的最为有效的手段。

公司培训部门或人事部门的职责是判定培训是否必要，确定或制订培训计划和方式，并且帮助或协同管理人员和其他基层主管进行培训。一般而言，培训部门的人员是教学专家。例如，培训专家在确定特定培训需要时实在是个好帮手。他们可以帮助你了解需要培训的征兆。在学习如何做好一名指导员以及培训一些重要员工时，你也会希望得到他们的帮助，而且培训部门在帮助你确定工作间断时间、减少生产计划以及制订培训时间表方面都有着不可估量的作用。

对某些员工而言，集中培训是最好的途径。一些普遍性问题，比如公司历史、产品、经济策略以及人际关系之类的都常用这类培训。其他一些讲授方式（如基本的文字能力或统计的质量控制）采用上述集中性培训也有好处，但是当培训部门为你做这些事情时，你必须对自己员工接受的上述培训负责任，并确保这些培训能够使得员工们学到有益的东西。

正确方法

1. 同所有的员工探讨如何提高他们的工作技能

每个人都适用不同的工作方法。有的人能从大学课程中学到有用的东西，从而拓展自己的技能；另一些人则可能在与同一领域中的员工进行观念和经验的交流时获益更多。

有关培训的讨论应该围绕着每个人特定的工作进行。对于负责会计的人员而言，当他决定要参加一个计算机绘图培训班时，你可以问一下他计划怎样把增加的技能运用到本职工作上去。如果他说这样他就能把你呈送给公司总裁的月报告设计得更好的话，这可能是个好主意。但要是他不能将自己的要求与目前或将来可以合理预见的工作相联系，这就可能不是一项公司应该进行的投资。

2. 管理者不一定要主持这种培训

如果某个员工是个熟练工，也受过合格的培训，并且管理者已把培训工作的关键因素向他作过系统说明，那么，培训工作就可以授权给他。就像你必须了解有关教学工作一样，你授权做指导者的员工必须了解如何培训他人的知识。这就是说，他们必须是曾经接受过有效培训，或者已经由你或其他人对他们就如何培训进行过彻底而简短的训练。将一个员工培养成技术工却又使他无力指导他人是一件再糟糕不过的事了。如果老员工不了解如何培训（或者对此不感兴趣），那么新员工就难以准确完成工作，而且培训过程本

妙语点评

如果你的员工两年没有接受任何培训，他们的知识就已经落伍了。得不到新思想的灌输，没有实践新知识的机会，最好的员工也跟不上高新技术领域里的发展。周期性的知识更新并不只限于高科技企业。商业行为在不断变迁，而你的员工却日益故步自封、墨守成规，在现有实践机会的领域中逐渐失去原有的工作技能。这些都要求员工能够得到接触、学习其他领域知识的机会。

身也会因此变得缓慢且成本加大。

3. 让每个人都关心培训的机会

准备一个文件夹，记录与员工所做的工作有关的培训课程、研讨会以及学习班。当有培训的广告或通知时，随手翻翻，看看是否有什么适合自己员工的需要。也让员工经常翻一翻你的这个文件夹，他们可能会发现一些你忽略了的但对他们有用的东西。

4. 随时做工作总结，在平时的工作中随时做出恰当的指点

你也可以举办一些内部的交流会，使员工们共享他们的知识与技能。每隔一两个月就可以开一次例会，让员工们了解新的经营实践和理念。员工们可以自发地阅读一些专业期刊或通讯上的文章，然后与其他人进行交流。如果你送某个员工参加了一次培训，在他回来后，就要让他与同事们分享学到的知识。

5. 明确你的培训目标，即让员工达到什么样的水平

有些管理者曾希望员工们能够掌握方方面面的知识。现在又出现另一种趋势——知识型或技能型的想法。如果员工展示了更高层次的能力，他们就能够赚到更多的钱。正因为这些原因，许多公司的基层主管需要考虑为培训而设置的科目。

一旦员工们意识到你真的很关心他们的培训问题，你就能够找到不必占用资源而能提升员工能力的途径了。

培训出现后遗症

管理者要对症下药、防微杜渐，让你的培训成为帮助员工提高竞争能力的行为。

管理事典 ————

一位培训主管诉苦说，自从他们企业建立培训系统以后，员工和主管们都非常积极地想参加培训以提升自身的综合素质，加上企业经济效益非常好，比较时髦的课程、大牌的老师基本上都到他们企业作过培训，前期培训的效果也非常好。但过了一段时间后，问题出来了，他们发现很多员工和部分主管，每次培训完就感到"自我"高度膨胀，可是过了两三天就开始垂头丧气，如果不参加新的培训，不被培训师"励志"一番就觉得心里不踏实，所以，他现在的任务就是四处寻访新的培训来医治这些"缺水的大白菜"。

我们先看看"培训后遗症"的几大症状：

厌食症——由于求知欲望太强或者太弱，反而对培训怀有强烈的排斥心理，无法以正常心态接受新知。对培训充满反感、厌恶，先是拒绝后找替补，实在不行，也只有临时"献身"。

眩晕症——参加培训之后对自身能力估计过高，头脑高度发热，

> **深入分析**
>
> 这个企业的员工和主管已经得了"培训后遗症"。在这里，我们把因参加培训而产生的各种不良效应，统称为"培训后遗症"。

对未来事业走向没有正确的认识，过于乐观，盲目自信。

肥胖症——参加的各类培训过多、频率过高，造成思维的"肥胖症"。

肠胃不适症——对不同的培训适应性很差，典型病例是对国外培训机构的课程水土不服。

抑郁症——不参加培训还好，参加培训后却感到自身差距巨大，形成强烈的落差感，彻底丧失进取心，从此就一蹶不振，表现极为不自信。

麻木糊涂症——参加培训既无针对性，又无目的性。

多动症——参加培训后变得浮躁起来，频繁换岗、跳槽，无法踏实工作。

以上症状并非全部，同时，在企业实践中绝大多数培训后遗症均为上述症状综合体现，易患此症者多数为个人（而"高发人群"是那些对自己有一定期望值，而且工作处于一定的压力之下的职业人员），也有少数组织。

正确方法

培训后遗症，可防、可治，不可怕！

至于如何消除培训后遗症，首先，有 9 个方面值得注意：

（1）要与公司发展战略相关，高层要支持；

（2）要符合预定的人力资源策略；

（3）事先了解培训的需求，明确培训目标；

（4）明确培训对象和具体培训预算；

（5）培训内容的选择要有针对性，或与工作内容相关；

（6）选择好合适的培训机构和培训师；

（7）合理选择培训的形式，做好时间、地点等安排；

（8）要有一套培训的考核和评估体系；

（9）对培训效果要进行跟踪和推进运用。

培训不是打针吃药，企业最好不要希望培训能够解决企业的一切问题。其实培训就像按摩保健，它只能起到活血通络的作用，企业应该知道怎样利用培训让自己"通"，通则不痛！

要做培训和咨询，把培训的评价反馈给现场管理部和各部门的值班经理，并定期了解服务管理者的反馈。同时要求你的企业的培训人员不定期去货场抽查，了解相关技能的应用情况。在激励方面，有奖有罚，表现优异的给予表扬和奖励，表现不尽如人意的给予指导和监督，表现不好的进行相应的处理。

从根本上消除培训后遗症，不仅需要在管理上倡导个性化、有针对性的培训，而且需要加强培训效果的跟踪。培训后并不是万事大吉，企业对培训学员应"扶上马，再送一程"，有意识、有目的、有计划地引导培训学员将理论应用于企业实践。

要想辅助跟踪达到培训效果，首先就应在培训中让员工带着压力和任务去学，把他们的积极

妙语点评

培训既然是一种投资，就自然会有风险，关键是如何把它管好，这不是一朝一夕能达到的。作为人力资源管理者，首先要有成长意识，拿业绩来说服老板。我们还要摆正自己的位置。同时，对培训机构进行认真辨别。根据自己的需要选用合适的培训机会，根据自己的经验建立培训计划并对整个培训进行跟踪，让你的培训最优化地反映到你公司的下一步工作中。

性调动起来。有一个管理者派他的一个下一层管理者参加培训，但要求他回来后必须培训部门其他人，这对他的要求就提高了，他就得想"不但我去学，我还得教别人"，他就会学得很认真，效果会不一样。

把培训会做成案例会，这一直是很多大企业所推崇的。在学习型企业里，让大家在工作中学习，在学习中工作，在推动中学习企业文化。

不管你是想提升企业业绩，提高管理者个人能力素质，还是想形成良好的工作习惯、强化团队精神，要想让培训产生正面效应，就必须重新审视你的企业文化、企业管理体制和发展阶段，甚至还要与其他问题一起考虑，比如企业的变革，培训与这些方面应紧密相关。

高层培训不足

有一个高层培训机制才能使企业健康长久地发展下去。

管理事典 ————————

一位上市公司管理者，创业 10 多年，早已在产业中做到行业老大。多年的创业中，他形成了勤劳俭朴、刻苦努力的工作作风，有时看到自己交给别人的任务不能很好地完成时，就亲自去做。他的这种事必躬亲，使得公司形成了他总揽大局、别人照章办事的局面。当他意识到企业不断发展进步，需要新的人才时，他却在开发新业务和公司转型中屡屡失手。

随着白发爬上双鬓，年过六旬的他环顾四周，在一次夜深人静的长谈中凄凉地说："我最大的失误是——我找不到接班人。"

当他疾病缠身、行将就木时，他的亲人、他的助手却为了分割财产而争论不休，每个人都想得到更多的资金，而没有一个人站出来，告诉他他的企业应该怎么办、他的企业应该怎么发展。

新老更替是自然法则，没有一个企业家可以掌握百年的经营权杖。一般说来，持续发展的百年企业起码需要5代企业家的共同努力。如何保证企业健康持续的发展，不因企业 CEO 的更替而使企业受损，并就此衰落下去，培养和选择好企业接班人至关重要。

深入分析

上面的案例中，这位管理者在两鬓斑白时才想到他应该为企业找接班人，致使一个偌大的企业在领导者陨落后也如日暮西山，渐渐坠落。

思考企业接班人的问题要从企业能否实现可持续发展的角度去考虑。企业是有生命周期的，作为企业领导人，他同样也是有生命周期的。企业发展到一定程度，领导人个人的能力出现不适应时，就需要推陈出新，吐故纳新。企业接班人的问题处理不好，会出现内乱，影响企业的顺利发展。

所以，要重视企业高层的培训，企业进入领导人交替的阶段前夕，如果有了对高层管理者的充分培训，企业就不会面临领导人的继任危机。

以高层管理者为首的企业核心团队是企业发展最为宝贵的财富，而培养各个梯队的接班人是确保企业之树常青的根本。管理者，尤其是企业的掌门人，如果只靠自己在社会上的影响力以及个人的声望塑造企业的形象，那么就容易出现一荣俱荣、一损俱损的局面。因此，必须通过培训高层领导机制去改变这种现状。

正确方法

国际上的大公司，都会有一套"接班人计划"和"领导力培养计划"。

事实证明，发现或培养比自己更好的领导者，把职位交给最有能力和最有责任心的人，是卓越管理者的首要标准。一个负责任的企业老总，他的成就不应只在于目前所取得的业绩，正像已经退休的美国通用电气公司 CEO 韦尔奇说的那样："我的成就将取决于我的继任者在未来 20 年里将公司发展得如何。把我这样的老家伙剔除出去，他们才能做好自己的事。"

一个优秀的管理者应该持有什么样的态度，怎么样培养高层管理者呢？

1. 培养高层管理团队

国际上的大公司，通过制度化的体系实现了接班人的产生、选拔、培养和更替。更为重要的是，这样做不仅产生了领袖人物，而且产生了一个团队，而培养高层管理团队对企业的持续发展至关重要。

高层管理的工作应由一个班子而不是由一个人来担当，不论它在组织结构图上采用什么职衔。因为首先，一个人不大可能同时具备该项职务所要求的各种不同气质；其次，其工作量也不是一个人所能完成的；最后，在企业中，由一人担当高层管理者常常形成"接班危机"——除了原来的最高人物以外，没有其他真正做过高层管理工作的人来继承。

2. 培养高层管理人员彼此配合的态度

一个高层管理要有效地进行工作就必须满足一些严格的条件。它不是一种简单的结构，并不会由于其成员互相喜欢对方而顺利工作。事实上，一个高层管理班子，无论其成员之间的个人关系如何，都必须能发挥高层管理的作用。

谁在某一领域中负主要的责任，就应拥有最后的决定权。要使一个高层管理者发挥作用，就不能允许下级就高层管理班子中一个成员的决定向另一个成员去申诉。每一个成员必须以高层管理的全部权威来发言。否则，只会导致玩弄权术，破坏整个高层管理集团的威信。任何成员不应该对不是由他主要负责的事务作出决定。如果这类事务提交到了他那里，也应该转到对之负主要责任的同事那里去。

高层管理班子的成员不一定要互相喜欢，甚至不一定要互相尊重，但他们绝不应该互相干扰。即使是"性情最急躁"（最不守纪律）的人，但作为高层管理的一个成员，也最好严格地贯彻执行这一条。在公众场合，即在高层管理的会议室之外，他们不应该互相提意见、互相批评、互相贬低，也最好互相不赞扬对方。

高层管理成员在其负责的领域中，应该作出决定。但某些决策应"保留"给整个班子来做，或者至少要同班子讨论后再做决策。确定"我们的企业是什么以及应该是什么"，放弃某些主要产品线或增加某些新的产品线、主要的资金分配以及关键的人事决策等显然属于这种领域。

高层管理的任务要求在班子的各个成员中进行系统而密切的信

息交流。高层管理的每一项任务对整个组织的前途都有着决定性的影响，每一个成员应该在他分工的领域内有最大限度地自主地进行工作，而他要做到这一点，就必须尽最大的努力把自己领域内的情况充分地告知他班子中的同事。

3. 制订培养接班人计划

（1）制订关键职位接班人计划。最先进的公司人才库甚至会早早地为一些关键性职位制订接班人计划，以免在最后一刻才采取行动，造成不必要的损失。

（2）摆脱对猎头公司的依赖。现在越来越多的大公司宁愿在自家的人才库里寻找适当的候选人，选拔高素质的管理人才。人才库瞄准的人才，特别是管理人才，需要业务好、能力强、有丰富的经验。

（3）发现和培养公司内部人才。总的说来，许多公司60%~90%的领导岗位都是通过内部晋升的人员担任的。许多公司认为，企业干部经过培训和工作锻炼，随着在企业中不断积累经验，他们也越来越有能力。

培训没有针对性

不同的员工、不同的情况需要不同的培训，要做到因人而异、因事而定。

"查尔斯，你应该看到，安娜对于此次培训根本就没有重视。她只是例行公事似的坐在那儿。"

"好吧，我跟她谈谈。"

"我觉得没有必要再继续对她进行培训。"

"为什么？你难道觉得公司的培训是可有可无的吗？"

"不，我认为培训是很重要的，可是安娜已经对这次培训的重点掌握得很好了，可以不用浪费时间在这上面。"

"那么说，她不需要培训了？"

"我是说，她不需要这方面的培训了，但是她需要别的培训，比如说对于她的工作失误有针对性地进行培训。"

一个优秀的管理者，应该建立一个培训班子和一套合理的培训机制。例如，安排新进员工的人事及教育，也就是安排新进员工接受训练并分配到各工作部门。教育训练要教导新进员工一些非常基本的概

深入分析

对忙碌在第一线的管理者或监督者来说，实现全员培训是不可能的。事实上，这种教导的责任大多是交给和新进员工一起工作的资深同仁们。

念。然后，在分配的工作部门中，由第一线的管理者、监督者来负责工作场所教育。

如果你的培训没有针对性，致使所有的员工例行公事地进行一下培训，那么你的员工也会回报给你一个不负责任的态度——"一切都无所谓了，你让我们培训就培训吧，反正这些我已经会了，而我不会的你又不能教给我。"

这样的培训是一种浪费资源的培训，它可能会使你的企业走向滑坡的边缘而不是进步的方向。这样的培训也是浪费职工感情的培训，本来吃饱了，你还在硬往他嘴里塞，他哪能不胀腹，而他不会的你又永远涉及不到，在企业里形成一个黑洞，一个谁也不去涉及的区域。

这样的培训还存在着这样的现象：忘了基本目标，我行我素。

忠实基本目标，依照基本方法进行工作是很重要的。培训的最根本的目标是让每一个员工都得到提升，而不是单纯地为了培训而培训。这个管理者在培训过程中就忘了基本目标，任意地照自己的方法去进行就容易引起失误，导致失败。

正确方法

企业的情况不同，培训的内容也应该不同，应根据自己的实际情况量体裁衣，制订一套合适的培训计划。企业的管理者应该对以往的工作状况非常熟悉，才能明朗哪一点需要培训、哪些人需要培训，这样才能使培训具有针对性。

在一个团队的整体培训计划中，应该看到你的企业文化中最缺少的是什么，对于这些，要对员工作一个整体的培训，也就是每一个员工都必须参加的培训。还有就是，没有必要每个人都参加培训，即个体培训。

整体培训有不同的方面，其中最重要的就是人际关系方面的训练。这应该是每个人都必须参加的培训。

人际关系是做人处世的基本。如果人际关系良好的话，可以使工作绩效事半功倍，因此要有好的工作表现，人际关系对每个人都是非常重要的。

1. 符合岗位的基本条件

在新员工进来之前，一定要先检查每位老员工是否已经记住最基本的礼节，并且确实遵守着。如果确实有尚未记住并遵守的老员工的话，就必须加以教育、指导。特别对被认为已经破坏公司规矩的人，要尽早再教育。

2. 人际关系的培训

对缺乏协调性的员工，为了维持团体绩效，就必须让他了解在团体中每位成员之间协调的重要性，一定要使他真正地了解并改正过来。对待上司的态度要尊敬，他既是你的同事，同时又是你工作的领导者。与同事之间的态度应该常常反思，如果有不好的地方就要指出来，立刻改进。

3. 工作态度的培训

无论知识、技术多么的优良，若是工作态度不好、人际关系有许多问题，就不能算是优秀的商业人才。人际关系若有问题就是致命伤，因此，关于这点一定要好好地检查，并且改正过来。

4. 让员工对部门整体性的工作内容理解充分

有不少已经工作三四年的员工，无法理解自己的工作部分的整管理者对于自己的培训要有一个事先的计划，让每个人接受的培训都是他最应该培训的内容，不同的人在工作中所出现的情况是不同的，可能不同的工作方式出现的结果都是好的，也可能同一种工作方式出现的结果差别却很大。这就不能让你的培训只是泛泛的培训而已。而整体培训，则是每个人都必须参加的，比如为了维持团体的和谐、工作场合人际关系的圆满，有些基本礼节是一定要遵守的。

体性。也就是说，这些人只处理上级交给他们的事，完全不了解整个部门的工作系统、流程等。这种老员工可以说没有长远的眼光，不足以成为新进员工的榜样。

5. 新员工的基本做事方法培训

新进来的员工要想更快地掌握技巧，首先要学会基本的做事方法。但是，老员工们已经忘了基本做法，常常凭经验照自己的方法去做。这些适合他个人的方法可能不适合大多数人，尤其是新来的员工，因此，如果新进员工一开始就碰到不照基本方法来做事的老员工的话，事态将会变得很严重。

6. 学会时间管理

工作就是和时间的战争。也就是工作一定要在规定的时间之内完成，这是工作的准则。但是，也有不少老员工没有什么时间观念。这种人无法有效地利用时间，这样的员工也绝不是新进员工学习的对象。

所以，必须下功夫教会这种老员工工作的方法，彻底改善他们对时间管理的能力。

对于个体培训来说，主要是指工作方面的训练。

1. 培训要做一些纠正和完善的工作

有许多员工，虽然就职好几年了，但是除了

上司或领导人所指示的工作，其他什么都不做。他们常说："照着指示做，总可以不出错吧！"而不愿意多投入。若老员工有此状况，就必须立即纠正他，同时计划如何改善其工作。

特别值得注意的是，改善工作的能力就是决定有没有业务实行能力的因素，所以，必须检查员工对改善工作的努力，并且出现这种情况时，必须好好指导这些人如何改善工作的方法。

2. 知识、技术的补足

关于知识方面，特别是在工作上必需的知识，一定要实事求是地总结。在技术的熟练度方面（这里所指的技术就是指工作的技巧），知识是用头脑去记的东西，但技术却是必须以知识为基础，由亲身体验去积累的东西。并且，这可以说是一种工作熟练的程度。关于技巧上的一切问题都是非常重要的。

应该让你的培训具有针对性，并能建立自己的培训机制，将你的整体培训计划和个体培训计划结合起来。对普通员工的学习需求也不能听之任之，可以通过岗位职能比武、论坛等各种形式激发和引导员工的学习欲望。就像大禹治水一样，因势利导地制订培训计划。

对于新任管理人员没有基础课程的培训

管理人才是很重要的人力资源，因此对他们的培训要全面，而且要从最基础的部分开始。

管理事典 ————————

"我女儿去年大学毕业后，直接来公司工作。自从进公司以来，她已接受了一系列管理培训，然而她所学到的仅仅是些工具和方法。仅这些培训课程怎么能使她成为一名高水平的管理人员？她需要的是一些基础课程，能使她熟悉一般的管理领域。在这个基础上，她要进一步参加一些专门的培训课程来补充她的基础知识。"

……

公司培训部的主任目前已开始筹备公司内部的基础培训课程。她在公司中征求了许多人的意见，但她发现所有的人都只强调自身领域的重要性。销售部门的人希望人人都熟悉销售管理；生产部门则认为新职工首先应熟悉生产计划、设备、布局；搞人事的又强调要学习沟通技能和群体行为；有两位高层管理人员甚至强调应学习全面计划和控制学说。

显然，结果是众说纷纭、莫衷一是。培训主任认为这些意见都有道理，但仍旧太专业化了，缺少一

深入分析

这是一则看起来普通，但却是我们经常遇到而又时时感到棘手的案例。对于新进管理人员的培训，其知识结构、方式方法与时间的安排都相当有技巧，不认真研究还真是会事倍功半。

个基础管理课程来把它们综合起来。因此，她决定在公司外物色合适的管理顾问。此人选要既能满足总裁要求，又能平衡各专业领域的需要。

没有需求就没有学习的动力，大家的需求是不一样的。当然，不能强迫人家去学自己不感兴趣或不需要的课程。但是对新进管理人员来说，他对公司的基本情况不熟悉，尤其当对方只是一个刚毕业的大学生时，不对其进行基础课程的培训是非常危险的。

作为一位管理人员，应该了解：

（1）最起码的工作知识或技能是什么？

（2）中等的知识或技能是什么（根据工作的不同，达到上述要求可能花费的时间也是从一个月到几个月不等）？

（3）较高的知识和技能是什么（要达到上述可能需要花费数年的指导和培训）？

正确方法

对于上面的案例，我们应做到以下几点：

1. 管理者应该建立一个网上的学习平台，提供各种各样的学习资料

跟踪每个员工的 ID（账号），当发现有一定数量的员工对某一问题感兴趣时，便组织员工就

妙语点评

我们要培养的是管理人员，不是技术人员。首先要择优录取，选择的关键是沟通和表达能力以及强烈的责任心。然后明确告诉他们，培训的目标就是把他们训练成几年之后的经理，告诉他们培训的严格和残酷，激发他们拼搏向上的精神。要对这些管理人员实行全面而且最基础的管理培训，同时注重理论联系实践，让这些新的管理者到实际中去，接受磨炼。

此类知识进行培训。

跟每一个新的管理者进行沟通，确定他的兴趣、爱好、志向、性格特征等，然后帮助其制订一个符合自身条件的管理生涯规划书。

2. 应确定哪些管理课程才是基础管理课程，哪些是属于专业的管理课程

其实不管哪个专业领域，都有符合大众层面的知识，要不然哪会有科普及科普人员。应该组织各个部门的专家筛选出其部门的公共知识，让每个人都能够了解，对自己的管理有所促进。

3. 理论联系实际

要认识到管理既需要理论，也需要有经验。只有将人放在具体岗位上才能培养其管理的能力。也许有些人天生管理能力就很强，但这种人毕竟很少。要以实际操作为主。对于刚进入公司的新管理者来说，应该根据其所学的专业以及在公司中未来的工作与发展方向分别做安排。

就上面的案例分析，工商管理专业毕业的学生，由于在大学中已经有了基础理论的学习与一定的实践基础（虽然一般实践得很少，但是毕竟有过），可以对其进行两个方面的培训：

（1）紧跟现代管理、营销技术与科学的发展，侧重于更深理论的学习。当然，由于时间与培训经费的关系，可能不会有长时间深入的学习，但务求达到抛砖引玉、启迪心智的作用，以引发其自学的兴趣及其对自己未来美好前途的追求。

（2）由于大学学习是以理论为主，案例教学为辅，实践过少，可考虑请业界较有知名度的管理者或营销方面的前辈来进行现身说法，结合公司现实情况并选择一些具体、真实的例子进行现场教学，

并且一定要与员工互动，请他们发言，阐述如果是自己在其位会如何应对。这样，在提高其实践能力与心理素质的同时，老总们也可以通过观察，发现一些有前途的年轻人，并对他们进行有的放矢的培养与磨炼。

下到底层，接触不同的工作，这是非常重要的。一个合格的管理人员应该具备全面的知识。比如说在和大客户交谈时，如果涉及生产或是销售方面的情况就傻眼是绝对不行的。

更重要的是，这能让他们全面了解公司的运行内环境。如前面所说，应该由人力资源部跟每一个新管理者进行沟通，确定其兴趣、爱好、志向等，然后帮助制订一个符合他自身条件的职业生涯规划书。

4. 价值观的培训

管理的重点在于管人，这是管理的精髓之所在。管理人员首要接受的培训是如何做人。对于技术层面的知识，可以在其到具体部门工作之后再慢慢学习。

第三章

在分配工作中
可能犯的错误

没能全面客观地了解员工的特长和能力

尺有所短，寸有所长。员工能力及特长是管理者分配工作时最先考虑的。

管理事典 ————————

"珍妮，我现在要完成这份客户调查，因为时间紧所以需要你的帮助。你需要作些文字上的调查，看看结果中哪些是对我们有用的反馈意见。"

"等一等，老板，我不能接受这份工作。"珍妮说。

"为什么？"

"我发现，在过去的几周里，舍利娅一直在办公室里接听用户的反馈电话，她好像已经在做这方面的调查了。"

"会有这样的事？可是我觉得你更适合完成这份工作。"

"不，舍利娅的工作已经做了那么长时间了，她只是在等待着您正式给她分配任务，况且她现在有很充裕的时间。"

"那么，你是不喜欢这份工作了，我找玛丽好了。"

"老板，我认为你应该明白员工的需要，你好像总是一遇到特殊的任务就派我和玛丽两个人去做，我们不是全能，况且我们的时间也是有限的。有些员工在某一方面会做得很优秀，可是你却注意不到。"

一向言听计从的珍妮将憋了好久的话一口气说了出来，老板被她惊得目瞪口呆。

上面的例子中，这位管理者总是把工作任务固定分派给某一个或几个员工来做，这样的结果只会引发更多的矛盾。

（1）你的最优秀的员工可能会被你用得疲惫不堪，他们甚至因此会抱怨团队中的每一个人。优秀的员工需要挑战，但是他们也会对那些不能分担他们工作的同事产生不满情绪。

（2）你团队中表现一般的员工，即那些不会被你分派任务的员工，他们得不到提高技术水平的机会，也得不到展现他们真正实力的机遇。有些人学一门新技术需要的时间可能会比别人长很多，但如果你因此只把目光放在那些学得快的员工身上，就会剥夺了某些人的发展机会。

（3）表现一般的员工也有他自己的特长。作为一个管理者，如果不能发现每一个员工的长处，不能充分发挥每一个人的价值，时间一长，那些表现一般的员工就会产生心理惰性，他们会认为：不管如何，反正我在老板眼中已经定位了，我还作什么努力呢？

（4）你的整个团队就会出现这样的情况——几家忙得不可开交，几家闲得喝茶看报。

正确方法

对于珍妮的这种不满应当立即作出反应，无疑她说的是对的。你应当让舍利娅去作那项调查，因为这份工作舍利娅已经在进行了，她只需花费很短的时间就能够熟悉调查的来龙去脉，会很快投入角色中，从而节省人力资源。

如果这项任务需要特殊的技能，除珍妮外其他人都没有掌握，你也可以考虑让舍利娅协助珍妮一起作这项调查。由珍妮告诉舍利娅如何去寻找，然后舍利娅就能独立调查资料，总结自己的调查研究结果了。这样，珍妮和舍利娅就共同承担了对客户满意程度的调查问卷。舍利娅的能力得到了提升，同时也减轻了珍妮的工作负担。这样的结果，你何乐而不为呢？

管理者在分配工作中要想做到公平合理，就应该做到以下几点：

1. 对你的团队中每个员工的工作任务进行一次评价，看看你分配的任务是否平衡

大多数员工的任务量都是以相同标准衡量的吗？或者你是否综合使用不同方面的专业人员、鼓励不同层次的员工来承担新的任务？工作任务繁重程度的差异是否合理，以及员工的技术水平和工资差别是否合理？或者你是否只重用最优秀的员工，而对能力稍微差一点的员工则要求不太严格？甚至尽管分配给团队中每位成员的工作量是大体相当的，那么他们的工作难度又如何呢？是否仅仅是由几个人承担了大部分繁重的工作任务？或者是所有相同的工资水平的员工都进行了例行公事的搭配？

还有，新的任务或特殊的工作是如何分配的？是不是你一而再、再而三地让有些员工做一些额外附加的工作？或者你总是把那些令人很多时候，一个公司的工作任务并不是每天都是平均的，它们可能集中在一段时间成批地来，而另一段时间则较空闲，也就是说工作任务的分布总会有高峰期和低谷期。一个多面手式的员工可以从事几种不同的工作，他能够游刃有余地应付这些工作。或者，当某位团队成员生病了或者去休假了，你也有后备力量。

心烦的工作或一次性的杂务活都分配给相同的几个人？

这些偶然性的工作任务是很难有规律可循的。你可能认为自己分配得公平合理，但是当你坐下来，列举出你在最近几个月内分配的额外工作任务，你往往会发现这些工作任务总是分派给了那几个固定的员工。

2. 建立一个任务分配制度

如果在你的工作团队中的大多数员工做的都是同一种工作，那建议你设立一种轮流分配任务的列表。如果在一个团队中，每个人的工资水平会随着承担工作任务量的多少而浮动，那你可以试着轮流地给每个员工分配工作任务，并让他们知道工作任务是如何分配的以及你这样做的目的。

3. 要坚持任务分配制度，千万不要作弊

如果来了一项你非常想让珍妮做的任务，但是你知道凯瑞丝也能够完成，而且是该轮到她做了，那就果断地交给凯瑞丝来做吧。当然，珍妮不会因为这种公平的做法而对你产生不满，况且你如果不帮助凯瑞丝提高工作技能，你就不能使凯瑞丝对自己的工作表现负起责任来。

4. 要有一个员工技能登记表

如果你的团队的工作需要专业技能，而仅有一两个人有这种技能去解决某个具体的问题，那

么就不能简单地分配任务了。

（1）列举出每位员工所掌握的技术种类，并且分析他们在机会允许的情况下还能够掌握哪些技能。

（2）建立像上面所讲的那种轮换分配制度，在尽可能的情况下，按照你工作团队的特殊技能进行任务分配。

（3）寻找交叉培训的机会。让你的员工只对某一领域的技术特别地精通，而对别的领域一窍不通，这是一种极不明智的管理行为。评价一下你员工的工作资格和他们所接受的培训，看看他们在哪些方面还能够有效地学到新技术。尤其是如果某项技能需要特殊的培训或教育才能够达到，建立后备员工的机制更是必不可少。这样不仅可以使你更平等地分配工作任务，而且还能使你的培训投资物有所值。

5. 采取必要的措施，纠正不好的工作表现

如果你一贯地把任务分配给几名固定的员工，原因是你不相信你的团队中其他的人能够做好，那么你就是在逃避问题而不是在想办法更正。

如果你允许不合理的劳动分配继续存在，不仅会导致表现差的员工的工作表现更加下降，而且也会引起优秀员工的不满情绪，让他们产生白白被利用的感觉。

为了有效地管理工作表现不好的员工，你需要按以下步骤去做：

（1）确定表现不好的员工圆满地履行了哪些工作职责，哪些任务需要继续改进。

（2）针对他的不良的工作成绩进行规劝。

（3）看看你的员工是否需要特殊的培训才能表现得足够好，或者能否让一位级别高一点的老员工帮助他一起完成一项繁重的任务，让

他从中学习并受益。

（4）为你的员工制订使他们有进步的计划，明确为使他们的技术水平有所提高需要采取什么措施，以及你期望多久能看到成效。

（5）长期监测你的员工的工作表现。如果他正在改进，一定要对他所取得的成绩进行表扬，鼓励他保持已取得的工作成绩，再接再厉。如果他始终表现得令人不满意，就和他商量找别人来替换他，你也可以给他分配一些别的、他能够做得得心应手的工作任务。但是也可能没有别的选择，只好把他解雇了。

如果新的工作任务是非常重要的，或者完成工作的期限很紧，一定要和你的人力资源部门好好协商一下，找到应当采取的具体程序的措施。

不能及时安排替补人员

替补队员应该随叫随到，上场就能发挥作用。

管理事典 ————————

"汤姆，下周你能接替丹尼斯做一个工程说明图吗？他有事不能来了。你在这方面一直表现得不错，我们的客户又在等着这份图表，我希望你能够很好地完成这项工作。对此，你介意吗？"

"没关系，我不介意做这件额外的工作。"汤姆回答。

"那么，就这样定下来了。你在一周内交给我好吗？"

"这恐怕不行，我自己的工作任务也是很重的，即使我拼命加班，也不会赶完的。但是，希利在这儿坐着，整日里无所事事，已经有好几天了。他也能做工程说明图，而且还比我做得好，你可以找他来做这份工作。"

"你说得没错，可是希利这周就要出差，我们不能指望他来做什么的。"

"这就很难了，我真的是使尽浑身解数也不能完成任务。要么，你试一试詹姆，他虽然没做过，可是他的工作能力还是很强的。"

"……"

这名管理者失望地不再坚持了，他不得不将希利请进办公室，重复了同样的谈话内容。但是，他得到了同样的结果，希利又将派给他的这项任务推给了别人，原因很简单，这不是他的工作，他没有时间来完成它。

在整个讨价还价的过程中，这名管理者都是被动的。

上面的案例有这么几种情况：

（1）一个管理者不能驾驭员工。当员工回答说额外的工作不该他时，若以团队的一员相说服，告之，这项工作完不成，影响的是他们整个集体，而不是某一个人，后果很可能不堪设想，承担后果的当然会有管理者的一份。如果一位管理者允许他的

深入分析

就像每个球队都有自己的候补队员一样，管理者对于每一项职位都应该在原有员工的基础上，准备一个候补队员，这才不会在突发事件面前无所适从。

员工拒绝非分内的临时工作，自己选择想做哪什么、不想做什么，那么，这名管理者将面临被淘汰的厄运。

"这不是我的工作"绝不是一个可以推脱的理由，因为它不是基于任何对工作条件的正当考虑，而只是一种被雇佣者的个人意志：不愿意被别人约束的暗示。实际上，"这不是我的工作"的拒绝理由是纸老虎，一戳就破，站不住脚。是你自己亲自来做那些工作，还是让你的员工来做呢？谁是这里真正的管理者？

（2）这个管理者没有使这个集体形成一种互相帮助的气氛。当某个人遇到困难时，每个人都需要别人拉他一把，帮他走出困境。很多临时的工作会突然摆到你已经安排妥当的工作日程上，但这并不意味着没有必要去做。

（3）不能控制整个团队的工作情况。重要的任务可能会完不成，因为没有具体的来负责人，或者你最后不得不亲自来完成，或者你可能不得不一而再、再而三地要求同一个可信赖的员工来做所有的事，最终这位员工会感到被利用了。

这些理由还不够说明你的做法是错误的吗？

正确方法

上面的例子中，如果管理者能够这样反问他的员工："当我们遇到困难时，伸手帮一把是每个人工作的一部分。如果今天下午你能和丹尼斯谈谈，看他需要哪些帮助，我会很感激你的。"那么效果就会有所不同。

管理者在安排临时工作任务时，应该做到心中有数，而且要让员工心悦诚服地接受。

1. 确保你的员工知道他们的工作不应该仅仅是那些被列在工作日程表上的工作

在员工大会或者政策发布会上，向你的员工宣布每个人都有义务运用他之所长来帮助团队完成工作。举出一些例子，说明在什么情况下，员工有义务尽帮助的责任。如帮助新来的员工熟悉工作环境和工作要求，协助他人展开一项新的工作项目，或者讨论一项从另外一个团队那里接管过来的工作以及日常的不可避免的新出现的临时性工作，等等。

2. 向员工表现出管理者自己也在尽力帮助别人的风范

当工作任务确实太多时，向你的员工伸出援助之手，表示你愿意承担一部分工作量。

当你的团队完成一个工作项目已经很长时间了，你是干等着他们呈送书面报告呢，还是去复查一下并协助他们作出书面报告呢？

当一项工作由另外一个团队转交过来时，你是卷起袖子帮助你的员工做些力所能及的杂务工作呢，还是站在一边看着他们完成？

奖励那些除完成本职工作外还主动帮助别人的员工。向你的员工展示一种意愿，如果完成超过他们正常工作之外的临时工作任务可以得到应得的奖励。给那位因为替别人值班而睡得很晚的员工或者在周末帮同事完成一项重要工作项目的员工放一个小短假。

3. 如果某位员工自愿地帮助别人完成一项工作，你一定要确保他能够得到某种奖励

可以在员工大会上给他口头荣誉或是给他发一小笔奖金。

把合作意识和乐意承担额外工作作为你决定一名员工是否应该得到提升或者加薪的主要标准之一。

无论什么时候，都不要接受员工对你指派任务的拒绝。当某位员工企图逃避一项任务时，或者当某位员工用"那是不属于我工作范围内的事"来拒绝你对他的指派时，都不要接受这种无理的答复。作为团队的管理者，你可以要求团队中每个人去从事任何和团队的任务有合理联系的工作。你或许不能让一个电脑分析师去干看大门的工作，同样你也不能让员工们从事他们体力难以吃得消的重体力活，但是你肯定能够让你的电脑分析师推测出你的供货方会有什么要求，你也能让员工们更换他们自己使用的打印机的色带，同样你也可以要求一位懂绘图技术的教员去帮助另一位教员。

不理解员工之间的差异

10根手指尚且有长有短，员工之间的差异自然是理所当然的。

管理者："是的，特仁思，我就是不能理解，我把我的所有下属都送去参加职能训练，我与他们所有人一起讨论了他们的职能是什么以及我希望他们做什么，但现在，我所得到的结果实在是一团糟：有三个人确实做得很好，我从不需要担心他们；另外两个人似乎对他们的职能开始感兴趣了，但做得还不够好，我不得不把他们带回来；另外六七个人还是在做他们过去做的事情，没有一点儿长进——可怜的布莱斯，他和过去一样至少每天两次到我的办公室里寻求帮助。我真不知道他们怎么了！"

深入分析

在众多的职能培训中，管理测试、咨询以及管理训练课似乎被看作针对所有人都适用的课程，然而实际情况却正如本例中的管理者发现的那样，它们不是。事实上，人与人是不同的。一些人喜欢自治，一些人喜欢被告知应该做什么；一些人喜欢挑战，而另一些人则尽量避免风险；一些人喜欢一个较舒适的工作环境，而另一些人则习惯以薪金来判断工作好坏；一些人对工作极感兴趣，而一些人则抱着无所谓的态度；等等。任何一个管理者的首要任务就是弄清每个员工的情况，并且弄清楚他们之间的差别。不这样做便会犯下最基本的错误。

许多管理者都知道人是不同的，但他们也知道有些情况下必须相同对待每一位员工。例如，对每个人来说，获得良好的工作表现的规则都是一样的。

对管理者来说，管理的难点是如何平衡员工之间的不同。哪些是需要区别对待的，而哪些是需要相同对待的，不幸的是没有一个简单的答案。

正确方法

让我们来看一下，管理者应该如何处理由于自治程度的不同而产生的问题。

"凯莱斯，你做这个真是如鱼得水。你一定要确保你所需要的每一个人都与你保持合作。如果你遇到困难，一定要让我知道，我才能帮助你。"

"朱依尔，我对你这些天表现出来的热情很欣赏，但你似乎在朝着与我们其他人相反的方向前进——我知道你很想独立，但除非你能与团队中的其他人共同搞好工作，否则我不会让你独立的。你需要找比利、乔治和朱安尼塔谈谈，以确保你们四个能共同工作。如果你们四个能搞好工作，我就不会再烦你了。"

"汉克，同你过去一样，你做得很好，但你告诉我你想谋求本部门的一个更好的职位。我只能告诉你，仅仅表现得好是不足以使你得到那个职位的。你是否应该注意一下如何才能提高你的竞争能力呢？"

"布莱斯，我想这些天你过得可能不太好，看起来你似乎不太习惯于自己作决定，如果真是这样，我们不得不考虑将你调到别的工作部门去工作。"

这个管理者清楚地了解他的每一个员工，并

且根据他对他们的判断分别作了不同的处理，下面是一些能帮你成功地作出这些处理的建议：

1. 学会确认、欣赏不同之处

确认员工们的共同点很重要，但确认他们的不同点同样重要。如果汉克主要关注的是升迁，那么你安排一个舒适的工作环境给他便不符合他的心愿了。下一步是：欣赏这些不同，不要抱怨布莱斯不能像凯莱斯那样主动，要理解他为什么不同，然后从不同中找出积极的东西。

2. 积极地利用不同

这是一个有效的管理者所努力的目标。如何利用他们的员工，使他们的长处发挥到最大限度而使他们的短处得到弥补呢？凯莱斯可能做什么工作都比布莱斯快得多，但布莱斯能做那些令人厌烦的重复性的程序化的工作，而且能做得很好。尽量从员工能力的角度出发，给他们分配任务。当然，根据他们的兴趣来分配工作也很重要。

3. 给员工成长空间

注意到了员工的不同之处后，越容易导致分配任务的僵化。你很容易将你的员工分类，然后让他们总是做同样的工作，切记不要这样。人是在不断成长和变化的，或许有一天布莱斯会走进你的办公室，让你把一个小的项目交给他单独处理；或者汉克因为觉得在你的团队中工作很有趣，最终拒绝了那次他梦寐以求的升迁机会；或者朱依尔已经开始热心地与其他人一起工作了。

最好让人们知道，他们这样做很好。大多数人对他们的工作期望不会有太大的改变，但他们确实在变。如果这种改变是你所期望的，那么确保员工们知道你注意到了这种改变并且希望它继续下去。你的员工成长得越快，他们对整个团队的贡献就会越大。

授权不当

为了能够正确地将任务授权给员工去做，第一行动就是反观一下自己的内心反应。

管理事典 ————————

"米丽，你得去让杰克催一下他的老板，他不能拖延这个系统的安装了，如果他干不了这活，我就让干得了的人来做。"

"让杰克做这事可不好，你这是让他指责自己的老板干活不卖力，这可不是员工要做的事。"

"好吧，米丽，注意一下这个计划要在 6 月 15 日以前完成，但是我不能多派人手帮你了，我们的预算也不允许多余的花费。多用点你的创意，但不要让别人觉得不舒服。假如你想出来的点子需要用到更多人手或更多经费，我可真的没法帮你了！"

让员工负责一项业务却未给予他相等的职权，只能注定员工失败的命运。上面的案例很荒谬，对吗？但这却是在商界中每天发生的事。管理者指派了一项任务并且任命某人负责，但却为了许多理由保留了相关的职权，不肯放手。也许管理者觉得这样会出卖了手上的权力吧！

其实，紧握手中权力不放只会破坏员工的士气。与米丽遭遇相同的人会觉得他好像被人算计了，因为万一失败了，他们就成了替罪羔羊。嗯！他们也许是对的。因为如果计划失败的话，再怎么乐观的员工都会觉得能推掉责任还真幸运。

正确方法

设身处地为员工考虑一下。在授权员工做一项特别不讨好的麻烦事前先扪心自问一下：如果你的老板要你做这事，你会有何反应？如果替老板做这件事会让你难堪的话，你也就不应该把它交给哪个员工去做。

1. 这项工作需要组织中具有一定地位的人物在场吗？

有时，处理一些比较常规甚至琐碎的问题也需要具有一定地位的人物亲自出马——通常是因为要考虑工作中对等一方的地位。与一位重要的或颇具影响的客户打交道、与组织中有较高职位的人一起工作、和供应商的管理者共同解决问题、同新闻媒体共处——这些都是需要你参加的场合，因为你是主管。

在上面这些情形里，你的亲身参与使得另一方意识到你对他们的地位给予了充分的重视，你愿意和他们亲自接触。这是不是一个有关地位甚至自尊的问题？差不多可以这么说。不管你在内部管理中是如何的平易近人，在别的地方留意地位与阶层却是十分重要的。这不是什么露骨的谄媚或迎合，这是对别人的地位以及你对他取得成功的重要性表示兴趣与尊重的一种标志。

妙语点评

如果你指派下属负责某件事，你是否给予下属职权以执行任务？你自己如何处理权责平衡的管理哲学？你是否曾经有负责某任务却不被赋予权力的经历？对此你有何感想？如果权责无法相等，那么这只能注定让员工失败，这是不公平的。

2. 该项工作会给组织或经手人带来实际的风险吗？

当要提出一个不会在管理层中获得好感的建议时，当要告诉老板坏消息时，当许下一个承诺却不能肯定自己的部门能否完成时，当因为没能满足某位客户的要求而在做弥补工作时——你需要亲自来做这些棘手的事情。

头儿的工作之一就是为自己的员工造就一个足够牢靠的工作环境，在这个环境中，员工们不怕承担风险。任何提高生产能力、改善工作流程的企图都会带来一定的风险，而没有一个鼓励合理冒险的工作环境，一切都只会在原地踏步。但是，要为员工创造这样一个安全的环境，你就得为他们挡开批评的箭矢，为他们的利益而战。要是把高风险的工作交给员工去做，你就像一个躲在危险区后的指挥官，把自己保护得好好的，没有受伤之虞，却让你的部队为守住阵地而拼命——你不应该这么做，相反，你应该身先士卒地去冲锋陷阵——绝不要让部队去打一场自己不愿打的仗。

3. 该项工作是否需要你对员工直接进行指导？

员工们需要从你这儿得到的指导，不仅仅是做什么，还有工作的主次以及承担的义务。如果你通过一个中间途径向员工传达信息的话，实际上是在告诉他们你对他们并不重视，或者你对所要传达的信息并不重视。对员工的批评必须直接出自你口，通过其他途径转达来的批评并不会引起他们的重视。更何况，被你批评的员工应该有机会向你问清缘由，并得到你的指导，他应该可以向你对他进行纠正的决定提出质疑。当你把工作交给别人去做时，就不会存在这样的机会。

指手画脚

正确的指导有助于个人的成长，并对组织的成功产生作用。

管理事典 ————

海蓝公司的销售团队是詹姆斯一手打造出来的。与其他老总不同，詹姆斯一直渴望把自己的经验和理念传给自己的属下，让他们每人都成为像自己一样的大 sales（销售）。因此，指导成为了海蓝公司的企业文化。但是这种指导要求推进到中层管理者时，在他看来理所当然的事情却产生了意想不到的结果。指导不仅没有成为企业发展的一种推动力，相反，作用却是负面的。不少员工表现出了一种出乎意料的拒绝，中层们与他们沟通时四处碰壁，工作无法推进。为此已经有中层在他面前暴跳如雷了，甚至有些员工与自己的主管发生了公开的争执。人们普遍地反感詹姆斯，认为他的指导是指手画脚。

指导不对吗？为什么员工不愿接受指导呢？詹姆斯陷入困惑。

员工真的不愿意改变吗？要让员工接受改变真的如此困难吗？在我们没有明白真相背后的原因之前，就武断地认定员工是不愿意改变的或是不求进步的，其实是非常不公平的。

要员工接受改变并非是不可能的事，你只是需要花一点时间真正了解员工抗拒的原因，并确实地沟通。事实上，抗拒改变是自然的反应，也是必经的过程。主管不应将员工的抗拒视为阻碍，而是一种机会；抗拒不是错误的态度，而是指导的开始。

深入分析

其实指导所带来的益处是显而易见的。如果对员工的指导很出色，绩效管理就会成为一个协作的过程，这个过程可以让每一个人受益。但是指导实施起来却并不容易。有时你实在是想不通，无论你怎么要求或是说服，似乎仍无法扭转员工的态度。无论你如何努力想要作出改变，却在与员工沟通时四处碰壁。你不能理解为何员工就是不愿意改变。

抗拒改变虽然是自然的反应，也是必经的过程。但无论是缩短这个过程，还是延长这个过程，管理者在这个过程中所起到的作用都是举足轻重的。

通常员工不愿接受指导的心理，主要包括没有理解管理者的指导、怀疑管理者的判断力和管理者的命令与员工个人利益不一致。

1. 员工不理解管理者

对于员工来说，他们永远只是被告知决策后的结果，却不知道决策的过程。他们不知道为何要改变，更不知道这样的改变到底有什么样的好处。另一种情形则是，员工对于应该如何改变完全不了解。许多时候，主管只是看到了问题，觉得有改变的必要，却没有想到该如何做，自然员工对指导无从理解。

2. 员工对管理者判断力的怀疑

因为过去太多不好的经验，让员工不相信改变会带来任何好的结果。他们往往认为那只是来自于管理者的一厢情愿或一时兴起，不会有什么成功的可能。而在新管理者和老员工之间，这种矛盾尤其尖锐。

3. 管理者的命令与员工个人利益不能挂钩

二者不一致看似问题出在员工自身，实际上管理者的作用也是很重要的。员工不是不愿意改变，而是更在乎他自己会受到什么样的影响。也许你只是稍微调整了员工的工作内容，但是对于员工来说，他势必会想到自己的权益是否受到了影响。

有时候改变意味着员工必须放弃已经熟悉的一切，接受不熟悉的新领域，那是他所不确定的、无法确实掌控的，而重新学习后也不知道自己未来会做得如何。身为主管的你，如果没有考虑到员工心里的担忧，很可能让自己的美意成了员工眼中不合理的要求。

正确方法

不要急于实施命令，而要思考如何给予命令。给予的命令应该是清楚、简明、完整和经过慎重思考的。我们称为"4C"法：

妙语点评

管理者有了良好的愿望却不能掌握有效的指导方法仍然无济于事。把你的思路和希望传达给了下属，却不能让你的下属理解并执行，那只能说明你在管理技巧方面存在着问题。

（1）清楚（Clear）：尽量不使用对方不理解的术语；用浅显易懂的语言交流；准确详尽地讲明自己的观点。与他人说话时必须依据对方的经验，试图向对方解释自己常用的专门用语并无益处，因为这些用语已超出了他们的感知能力。接受者的认知取决于他的教育背景、过去的经历以及他的情绪。如果管理者没有意识到这些问题的话，他的命令将会是无效的。

另外，晦涩的语句就意味着杂乱的思路。所以，需要修正的不是语句，而是语句背后想要表达的看法。有效的命令取决于接受者如何去理解，所以无论使用什么样的渠道，命令的第一个问题必须是："这一讯息是否在接受者的接收范围之内？他能否收得到？他如何理解？"

正如先前所说的，员工必须知道"为什么"，为什么需要改变？你的考虑是什么？所以必须向员工解释清楚，真正做到信息透明。为了能够有效提升业绩，你希望改变绩效奖酬的标准。但是，你确实让员工知道业绩到底有多不好了吗？与过去相比较，成长了多少或衰退了多少？如果员工无法得知这些信息，又如何能要求他去接受改变？

（2）明确（Concise）：尽量提供明确、具体的信息。口号、价值观、愿景，这些都不重要，员工真正想知道的是，到底他该怎么做。

人们必须知道改变的具体目标，而不是遥不可及的空泛概念。不要对员工说希望要成为市场上的第一品牌，而是具体地说出下一个月产品的销售量能比这个月增长多少等较为具体的目标。

（3）完整（Complete）：提供完整的信息。在面对员工的抗拒时，不要想着采取安抚的态度，这样根本误解了问题的原因。事实上，员工需要的不是安抚，而是要化解心中的疑虑。

主管与员工之间时常处于信息不对称的状况，许多的讯息或是事实只有主管知道，员工却是一无所知。这会让员工感觉受到不公平的对待，更会对改变本身产生质疑。

（4）慎重考虑（Considerate）：重点在于如何给予合理的命令以及如何用适当的方式进行命令。

含糊不清

工作目标应该让人一目了然，它是提高工作和管理效率的关键。

管理事典 ————————

某管理者对秘书说："给我致电总行的张先生，约他下星期五到我的办公室来。"秘书小姐如言电约，但对方称下星期五要开重要会议，而他过两天便要到外地出差一星期，建议不如将约会改在明天。

秘书想将张先生的话向管理者转述，但是一连两天管理者均休假，根本没有机会提及。待管理者上班时，秘书才将张先生的话复述，此时张先生已身在外地。该管理者责怪秘书为何不早说，因为他找张先生就是要商谈有关他到外地后相托的事。

上面案例中，秘书感到沮丧，因为在这件事中，她根本没有做错或遗漏，问题只是管理者的指令不明确，欠缺了提及找张先生的大概管理者发出的指令要明确，不能模棱两可，不能有"可能"二字的介入。有些人喜欢在批示句中加上"也许"类似的字眼，往往令人无所适从。例如："明天有个会议，也许你应该去听听。"在下属听来，好像是可去可不去似的。如果不去的话，又怕是重要会议；但如果去的话，又怕是不重要的会议，妨碍了做其他事情，下属总不能反问管理者："'也许'到底是应该去，还是不去？"这么问，无疑是批评管理者的指令不明确，但是不问清楚，又怕被管理者指责擅做主张。

目的，以致秘书在张先生提及去外地时未能做出即时反应。除非你的命令目标相对明确和具体，否则很容易埋下严重分歧的隐患。员工们只会考虑达到他们个人的目标，结果往往发现这个目标并不是上司所期望的。在这个案例中，秘书关注的是完成管理者交给的任务即可，也就是能将这种信息传达过去就行了，但是她的老板却没有估计到他的这种单方面的约会可能会因对方的情况不允许而有所改变。要想不出现这种结局，应该给秘书一个交代，也就是他此次约会的目的是什么，这样给秘书一个明确的目标是很重要的，对定期的、正在进行的工作更为关键。

目标是一项工作的基础，当目标明确了，每位员工心目中便有了一个清晰的方向，就会全力以赴地去实现它。这样，他们自己、老板以及客户都对目标有一个共同的追求。与其花费更多时间、精力和财力去改正正在进行的工作中出现的问题，不如通过事先的规划避免问题的出现。

正确方法

以上案例，正确的做法是：

（1）命令要明确，包括要做事项的目的、内容及有关的时间、地点、建议的处理方法等。

要想发布清楚、简洁、明确而又容易让人听明白的命令，应遵循下面几条原则：

要使你的命令适合要做的工作；使用简单明了的词句和术语；要点集中；如果是一个书面命令，要考虑使用你个人的语言，发挥你个人的风格，不要过多顾忌语法；如果是一个口头命令，那你就要多说几遍。

（2）不要让下属找不到你。许多人认为除公事时间以外，就不应该让下属骚扰自己；以致下属有要事找他时，往往束手无策，只有干着急的份儿，这样办起事来又怎么能快捷呢？

在日常管理中，管理者要想自己下达的命令能够被及时准确地完成，就要做到以下几点：

1. 有明确的时限

要制订明确的时间表，写明何项目标何时完成。时间表既适用于一个以上的目标，也适用于不断提高的标准，比如在发送订单、回答顾客询问等方面。

2. 把目标写下来

你是否已将目标写下来？没有写出来的目标

妙语点评

作为管理者，命令下属去做某事一定要附有一个明确的公正的标准，只有这样，下属才会办好事，且对你毫无不满。将工作目标公之于众，就会大大增强每一个员工的责任感，并将其转化为工作的动力。要使所有参与工作的人不用过多的解释都明白，你的目标就要十分简短，让每个人都能熟记于心。这样，公司的工作目标才会对雇员的日常工作产生影响。

只是决心，而决心往往会无疾而终。

写在书面上的目标常常能够实现。把你的意图写下来，将迫使你集中精力，按照明确的目标迈进。它将降低模糊性，避免混乱局面，让你不至于成为"事后诸葛亮"。它是使公司明确方向的最重要方式，但没有几个管理者能做得十分完善。通常情况下，他们需要培训、实践，需要遵循一些合理的原则。这条原则很容易记住，并切中要害。

3. 重视将公司目标和员工个人目标相结合

公司的经营者应重视下属对公司目标的理解，并将公司目标的实现与员工个人的利益和自身价值的体现结合起来，以增强他们在工作中的满足感和成就感。这对调动员工的积极性和增强组织的凝聚力会起到很好的作用。

4. 及时在条件和环境发生重大变化时调整目标

为发挥下级的创造性和积极性创造良好的环境，对能否留住人才至关重要。

有时可能会因为一些意外因素使公司及各部门实现目标的条件严重恶化，从而无法实现既定目标。这时，管理层应该及时根据条件变化调整各级目标，否则下属就会因为缺乏实现目标的信心而失去工作激情。

颐指气使

管理者下命令最忌讳的就是颐指气使，这很让员工反感。

管理事典 ————————

詹尼斯是一位升迁快速的主管。

他要么夸夸其谈："年轻人应多学习，像我当年就是爱动脑筋的。"处处指责他的手下总是不及他聪明，对手下呼来喝去。

要么牢骚抱怨："最近人才愈来愈少，愈来愈差劲。"他很自然地将一些很困难的任务分给他的属下，而不进行任何指导和帮助。

要么强硬地命令："这是业务命令，你就照这方法做；不然，你就不要在这里干了。"

直到有一天，当他即将调入别的单位时，他的下属都拍手称快。

"我们认为他和总公司关系不错，所以即使他讲了些没道理的话，也都忍耐下来。什么！他现在要被调走？真是太好了！以后我们可不再理他了，活该！"

这种人就喜欢如此数落他人，借以抬高自己的身价。员工们尽管表面不敢吭声，但心中却着实不是味道。

《伊索寓言》中有一则

深入分析

一位新上任的主管，而且是一位升迁快速的主管，难免会自命不凡而盛气凌人。其实，他的升迁很可能只是由于运气特别好，或者按顺序轮到他；然而他本人却以为是自己的才能及努力所赐，因而难免产生一种狂妄自大的心理。此种人常以其头衔为自豪，妄发言论或任意否决，平日好管闲事，走起路来神气十足，俨然不可一世之貌。

小故事：

一只山羊爬上一农家的高屋顶，屋下有一只狼走过。山羊以为自己居高位，野狼莫奈它何，便如此骂它："你这傻瓜、笨狼。"狼于是停下来说："你这胆小鬼，骂我的并非是你，而是你现在所站的这个位置。"

这则故事用来讽刺前面所述的主管，真是最恰当不过了。

的确，有不少的管理者并非靠实力，而是靠头衔来工作。最好的证据是：当他尚有头衔时，经常可以听到下属阿谀献媚的话，一旦即将离去，再也无人对他百般讨好了。

因为有了头衔，纵然毫无实力，仍会有些狐群狗党围绕在身旁，就像蜜蜂飞向花丛采蜜一般，这些下属也是为了获得一点点利益才如此趋炎附势的。但是像这样的部属，即使身边再多，也是多余的。

像这种不顾员工的立场强调命令的方式，是身为管理者要绝对避免的。因为这样只能徒然增强员工的反抗心理，而绝对收不到好的管理效果。

正确方法

为了不使下属在背后如此说你，最重要的就是——不要靠"头衔"来工作。

（1）要相信下属，这是最重要的。当你期待下属有所表现时，第一步——你要相信他的能力。

（2）无论多不可靠、多无能的下属，一旦你命令他工作，就不可轻视他的能力。对他的努力行动应尽量给予援助，即使自己有好的构想，也要放在心里，在下属提出比自己更好的提案前，要耐心地帮助他们，给予他们一些意见和忠告。

（3）确实明了他们讨论的内容，并给予他们必要的资料及思考线索，指引他们走向更正确的讨论方向。

（4）一个忙碌的工作单位，任务往往接踵而来。此时若要指示下属，只能象征性地揭示重点，而无法顾及全面的解说。

"请在明早以前写好这份报告书。"

"那件事你和对方商量好了吗？若可以的话，就马上到××政策机关去申请。"

在平时，下属通常有他自己的行事计划，当上司突然下达指示时，他不得不将原来的计划加以调整，或删去一部分，或追加一部分。假如这只是偶尔的现象，倒也无所谓；若是这种情况经常发生，下属难免会心存不满。因此，当你下命令给下属时，不妨多加几句话。

"我知道你现在非常忙，很不好意思！不过……"

"我觉得你可能头一次做这样的工作，不过……"

说这些话对你来说是轻而易举的事，但却能让下属感到你是站在他的立场着想，而心甘情愿地让步。用强硬的命令不如用上面这些话语更能让下属为你效力。

（5）聪明的管理者，在对自己的下属作指示或命令时，应该这样发问："你的意见怎样？我是这么想的，你呢？"然后必须留意到，是否合乎此人的意见，并询问他是否彻底了解了，至于问的方式，也必须使对方容易回答。

做一个合格的管理者不能始终站在管理者的角度发号施令，而是应时常站在被管理者的立场上，多了解员工的心情，体察员工的愿望，在下命令或作指示时，尽量采取商量的方式。

如果采取商量的方式，对方就会把心中的想法讲出来，如果你认为言之有理，就不妨说："我明白了，你说得很有道理，关于这一点，我不这样做好不好？"诸如此类，一面吸收对方的想法或建议，一面推进工作。这样对方会觉得，既然自己的意见被采纳，就一定要把这件事当作自己的事，去认真地把它做好；也正因为他的热心，所以在成果上自然会产生不同的效果，这便成为大有可为的活动潜力。

随意支使员工

任意支使别人的人，最后被淘汰的是你自己。

管理事典 ————————

露茜对杰克抱怨道："杰克，你还有完没完？这是你连着第三次让我做这份质检随访的差事，这些个月来，除了我没人做过这事。这不公平。"

杰克："可是，露茜，我一直认为在这些人里我可以指望你的。

以前也没人做这事，可你总能接过手来。这到底是怎么了？"

露茜："我就是不乐意你老是盯着我干这事。我当然希望你觉得我很可靠，可我不是块鞋垫，你愿意怎么踩就怎么踩！"

每一个员工都想积极表现自己，希望得到你的信赖，但绝不希望自己被当作一块鞋垫。大多数员工都明白，工作中有很多自己职责范围内理应完成的任务。这时，你不需要对他们作出指示：某某人应该去做什么事了。但要是你老让同一个人不断地重复一项工作，却不曾对他这种特别的专长给予认同，员工就会非常懊恼以致拒绝你的要求。

管理者在让员工做一些本来不属于他的工作时要谨慎，尤其当你站在一个领导者的地位上，强制命令某员工为你做一些本来应该你自己去做的事情，你会很快发现，在这个群体里，好多人都不愿意与你一起工作。

深入分析

随着历史的不断发展，社会形态逐渐趋向民主。现在的企业经营者已不再是那种可以任意支使别人的领导者了。过去的老板可以说："喂，某某人你去做件事。"可是现在却应改为："对不起，麻烦你去做这件事。"如果不用这种和善、恳求的口吻，就很难达成用人的愿望。企业经营者对于这种结构性的转变，要非常谨慎地去适应，调整自己的态度，改变唯我独尊的想法，只有这样才不会被时代淘汰。

对于你的命令，有的人可能逆来顺受，而有的人就会给你反驳回来。

作为管理者，应该能够礼贤下士，你的员工不是你的奴隶，而是你的财富的创造者。一旦上司明白了这层道理，就有了温和谦虚的心胸，那么看见尽责尽职的员工，自然会满怀感激地说："真是太辛苦你了。"

即使你是一个领导者也不应该对你的员工随意支使。对你的员工要用有效的激励方法，包括对员工的认同和尊重，让他们自愿接受你的指派。哪怕是员工们工作范围之内的工作也要给他们应有的尊重。在你向他们表达你的指示时，应该学会使用礼貌语言。在他们实现或超过你对他们的期望时，用上一句简单的"谢谢，我真的非常满意"就足够了——用不着大肆渲染，员工们就会得到最大的满足。

正确方法

（1）你要明确哪些是员工应该做的，哪些不属于他们的工作范围。

（2）使用礼貌语言。无论何时，当员工做了一份额外工作，或是为工作付出额外的努力，都应该向他们表示感谢。

（3）在与其他经理或组织打交道时，站在自己员工的一边。没有必要每次都为自己的部门出头争活儿干，特别是当其他部门并不太忙的时候。在争取在大组织里与其他部门通力合作的同时，多为自己部下的利益考虑一下。

（4）不要总是发号施令，要多用请求的口吻。宣布让露茜做质检随访与请她将这项任务安排在工作计划之内是有天壤之别的。如果是请她做这项工作，而你俩又相互信任的话，她多半会跟你讲自己的工作量太大了。这样，你就可以和她就解决问题的最佳途径作一番探讨。

第四章

在绩效考核中
可能犯的错误

奖励平庸

平庸的人永远都不是团队的榜样。

管理事典 ——————

"今天我把大家召集起来是因为杰克得到了他应得的荣誉——季度最佳雇员，并得到了奖励的支票。大家都知道，杰克忠实可靠、乐于助人。他对工作非常认真，我从来没有见到他拼错一个单词、用错一个标点。他是一个具有积极良好的工作态度的核心小组成员。为此，我要大家向他表示热烈的祝贺！"

管理者正在上面发布他的年度讲话，下面的员工却议论纷纷。

"大家都知道，杰克从来都没有什么出色的表现，但他很可靠，因为工作负担不是很重，他总能帮上大家一点忙。最重要的是，他从来不对我表示异议，也不会要求用不同的方式做事。换句话说，虽然我从他那儿得不到什么，但他也不会给我添麻烦。"

我们从上面的案例中可以看出来，管理者的评价给了员工一个很难接受的结论。群众的眼睛是雪亮

深入分析

如果这就是半年多来团队成员所能得到的唯一重要的表扬的话，经理向团队到底表达了什么样的工作期望呢？

的。如果你真的只是为了鼓励杰克，那么你根本用不着在年度大会上奖励他，你只要私下里告诉他，他的工作做得非常好，或者在某一次会议上表扬一下就行了。在这样一个盛大的年度会议上，你这样对他评价，就是对整个团队宣扬；杰克才是你们工作的榜样，你们只要能认真完成我交给你们的任务就行了。不需要什么新的创意，不需要什么进步。想一想，这样的表达是多么糟糕。

那么，好好想一下，你对员工的评价标准是什么。

（1）你希望他们富有创新精神，勇往直前，但奖励的却是那些不求有功、但求无过的人。

（2）你说过："如果你们认为我的方法并非最好，就请告诉我，让我们一起把工作做好。"但难得有几次这样的事情发生时，你却不厌其烦地解释为什么自己提出的才是好办法。

（3）你说过："我希望你们有主动性。"但每当员工积极尝试时，只要上司一有质疑，你就对他们严加训斥——不管他们做了什么。

在上面的案例中，即使是得到奖励的杰克也会惶恐不安。不是吗？他很清楚他自己的工作，他也很清楚自己在这个团队中的作用，他更清楚这个团队中其他成员的成绩。唯一对这个团队整体中每个人的力量和作用视而不见的，是你这个管理者。

正确方法

你想改变自己的行事方式，奖励出色的表现吗？就请采纳下面的建议：

1. 选择并鼓励一种你所期望的而员工们并不觉得危险的行为

举个例子，最好不要以"现在我希望你们中的任何一个都能告诉只有当你一贯留意优秀的员工人选，并对其表示认可、给予奖励时，偶尔表扬一个不是非常出色的员工才无大碍。你希望整个群体都喜欢这个员工，对他表示尊重。同时也应该让大家清楚，你说的是真心话。空洞的赞许比没有赞许还要糟糕。

我，我有什么做错的地方"作为开场白。员工们可能不会相信你的话，连你自己可能都不相信。可以这样开始："我们真的需要一些如何使用这些电脑的新观点。我知道你们中有些人已经在考虑这个问题，说出来让我们听听怎么样？"

2. 一旦员工的行为是你希望看到，一定要给予特别的关注

如果员工漫不经心地提到，你可以用空白表格程序来记录项目的进程，你就应该立即重视，并表示："谢谢你对使用计算机的新方法提出建议。请跟我仔细讲讲你的想法。"

3. 不管你最初的反应如何，不要否定员工的言行

如果你说过希望有更多的主动性，当员工为了得到新方法而做了错事时，就不要对他厉声训斥。他按你要求的去做了。重视这一点，并向他表示感谢。他的问题在于对该项工作尚不能胜任，你可以同他对此进行讨论。

4. 树立一个能成功达到你的要求的典型

如果某员工的想法的确有价值，就应该让大家了解他的观点，而且让他们知道这一观点得到了你的赞许。

5. 当员工们相信了你的话，并按你的要求行事时，选择鼓励另一种你所希望的行为，并让大

家明白其重要性

　　要是员工们看到你言出必践，他们就会对你的要求做出更迅速、更积极的反应。在有了几个成功的实例，而员工们知道你确实是认真对待之后，你就能这样说："我希望你们中的任何一个人都能告诉我，我有什么做错的地方。"

绩效评估流于形式

　　让绩效评估发挥它应有的作用，就要有一套适合自己的绩效管理机制。

管理事典 ————————

　　"斯托曼，为什么我们的员工总是不能在年度总结时提高点积极性呢？"

　　"那么，你对他们做了什么呢？"

　　"当然是年度绩效评估。"

　　"我明白了，是否你每一年都是这样做的呢？"

　　"是这样，这是我们公司的基本管理机制。"

　　"其实你已经意识到了这很糟糕，不是吗？"

　　"是，可是问题的症结在哪儿呢？"

　　"你尝试一下新的绩效评估方式，让你的每个员工都参与其中，发表自己的意见，制订一套适合自己的绩效评估机制。"

绩效管理是管理者和员工持续的双向沟通的一个过程，在这个过程中，管理者和员工就绩效目标达成协议，并以此为导向，进行持续的双

深入分析

大部分企业的年终绩效考核是流于形式。如何建立有效的绩效考核系统，是困扰企业的管理难题之一。其原因包括：管理者应付了事；绩效目标难以衡量；管理者缺乏相关的训练；拉不下面子；打分标准不一；不管过程等。还有一个更为根本性的原因——企业对绩效考核和绩效管理本身的认识就存在偏差。

向沟通，帮助员工不断提高工作绩效，完成工作目标。

如果简单地认为绩效评价就是绩效管理，就忽略了绩效沟通，缺乏沟通和共识的绩效管理肯定会在管理者和员工之间设置一些障碍，阻碍绩效管理的良性循环，造成员工和管理者之间认识的分歧，员工反对、管理者逃避就在所难免了。

绩效评估只是绩效管理的一个环节，只是对绩效管理的前期工作的总结和评价，远非绩效管理的全部，如果只把员工绑在绩效评价上面，必然要偏离实施绩效管理的初衷，依然解决不了职责不清、绩效低下、管理混乱的问题，甚至有越做越糟的可能。

许多企业往往只看到绩效考核或评估，而忽视了对绩效管理全过程的把握。于是，经常看到的是"匆匆过客"般的绩效考核。

正确方法

绩效管理作为一个系统的体系，其成本无疑是较高的。因为绩效管理的实施，不仅需要人力的投入，也是日常工作的一个组成部分。

在企业的实际管理中，到底应该采用绩效考评还是绩效管理呢？一般，对于小企业宜采用改良的绩效考评，而大中型企业则采用绩效管理为宜。

小企业人员较少，投入大量成本建立绩效管理体系，不仅在经济上不合适，在管理过程中也往往由于人手的缺乏而不能保证体系强有力地实施。改良的绩效考评，在绩效评价的基础上，加强了对改善绩效措施的推行。

大中型企业在实施绩效管理体系之前，必须建立合理的组织结构，明确岗位职责。同时，绩效管理的结果也需要与薪酬、福利、培训等结合运用。只有这样，才能保证体系的实施，构建企业正确的价值体系。

将绩效管理等同于绩效考核，必然导致"瞎子摸象"——只看到需要评估部门和员工表现的一面，而忽视了其他更为重要的目的。事实上，单纯地为了评估员工表现作绩效考核，主管和下属就像审判和被审判，双方都费力不讨好。久而久之，当然大家都不愿做绩效考核，即使做，也是应付着做，这样，绩效考核流于形式就不难理解了。

为了有一个好的绩效管理，企业应该做到以下几点：

1. 基于公司实际情况，结合绩效管理理念和方法，建立自己的绩效管理体系

整个体系是以关键绩效指标、工作目标和能力发展计划为载体，分为绩效计划、绩效指导和绩效评估三大环节。

2. 为员工设定绩效计划与关键绩效指标

每位员工都需要设立两大类目标：业务目标与能力发展目标。在整个目标体系中两者占70%~80%、20%~30%的比重。业务目标主要

随着时间的流逝，绩效管理系统很可能就会逐渐流于形式，被做成表面文章。实践出真知，刚开始制订绩效管理方案的时候，按照书本和别人的方案做，一般来说，实行的结果都不会理想。因为好的不一定是适合自己的。

优秀的管理者应该亲手制订一套属于自己公司的绩效管理机制。当然，这需要很大的勇气，承受很大的压力。

从3个方面考虑：财务指标及客户服务指标；关键项目任务目标；组织建设目标（针对管理人员）。能力发展目标主要参考各个职位的能力模型，不超过3个优先发展的能力，管理人员要求设立领导能力发展目标。

3. 阶段性反馈与指导

管理者要定期地与员工沟通目标的达成情况，对目标做必要的修改，分析绩效障碍与改进的方法。

4. 作绩效评估

主管在被评估者作完自我评估后进行评估，主管评估的结果为最终的评估结果，主管与下属双方在绩效管理表上签字，并提交给上级的主管确认。

由于绩效评估的结果关系到员工的薪资、奖金、培训及发展，而且目标的设置充分考虑到各项业务目标与能力的相互配合，执行的效果比较理想。公司的战略目标及部门目标是员工的绩效计划的基础，所以，对公司的战略目标管理过程要求比较严格，合理、准确、清晰的公司战略目标、部门目标以及职位胜任能力模型的正确建立是最为关键的。

5. 绩效考核只是整个体系的一个环节，应当更关注沟通和发展

目前许多公司关注的还是考核，其实考核只

是手段而非目的，以考核为目的恰恰是许多公司实施绩效管理失败的根源之一。绩效管理能够为企业带来效益提高等诸多好处，但同时也会造成管理复杂化等问题。

6. 绩效管理要适合自己的企业

绩效管理系统必须随着企业的发展而不断地改进，在不同的发展阶段采用不同的方法和策略。

企业战略和绩效管理不能很好地结合

如果企业战略和绩效管理不能很好地结合，就会浪费公司的资源和宝贵的时间。

管理事典 ————————

斯密达公司是一家有着 80 多年历史的大型跨国企业。该公司拥有一套基于目标管理思想的完整的雇员绩效管理体系，其基本设计思想是：与每一位雇员共同制订一个源于公司战略的、可衡量的、可实现的、具有挑战性的工作目标，并定期与雇员讨论目标完成情况。每位员工都有自己的一份绩效管理指南和绩效契约。绩效管理的结果取决于目标完成情况和绩效要素。所谓"绩效要素"，是指员工在完成目标的过程中所表现出来的强项和弱项。员工的激励、培训及发展也都基于绩效管理的结果。斯密达公司的考核体系要求绩效指标每年年初制订，在一年内根据业务需求随时更新，每3个月对员工的工作完成情况进行回顾，总结员工在哪些方面有待提高。

同时，斯密达公司也拥有良好的员工培训发展计划以及跨国界的人员交流计划，为员工提供了大量的提高能力素质的机会。在公司发展稳定、收益良好的时期，这种绩效管理体系似乎运转良好，并且也促进了公司业绩的提高。由于绩效管理评价是年底分红和加薪的依据，员工们都积极努力地完成自己的指标任务。

然而，当市场竞争加剧、产品和服务需求量日益萎缩、业务收益不断下滑、再没有年底分红和加薪的机会时，员工和基层经理们再也不像以往那样关心个人绩效的好坏，每3个月的评估最终成了形式，完美的绩效管理系统也成了摆设。

即使企业拥有完整的绩效管理体系，即使人员绩效目标与战略进行了某种结合，这种到处存在的"两层皮"的现象仍然让我们怀疑，究竟是员工绩效驱动了公司业绩的提升，还是被当作仅与个人薪酬挂钩的卡尺（并且人人都在考虑如何使其对自己有利），因公司命运变化而随波逐流。投入大量财力、人力建立和维护的良好绩效管理体系与员工能力素质发展计划，与公司战略绩效的提升有何关系？究竟是谁驱动谁？

正如扁平化和精简组织并不能开拓新的市场，信息技术的应用不能使企业鹤立鸡群一样，问题并不出在绩效管理本身。

> **深入分析**
>
> 只要采用科学、先进的人力资源管理理论，建立完整的绩效管理体系，狠抓绩效管理，狠抓员工素质的培养与提高，就能有效推动组织绩效的提升和战略目标的实现。事实果真如此吗？

绩效管理方法与理论日趋成熟，但却极少考虑对有效战略规划的要求和评价，包括对战略意图实现的强调。缺乏对产业的分析和产业战略的设计，同时，投机心态使得企业不去深入研究战略规划对公司的实质影响，绩效管理也只能落得走过场的结局。

正确方法

有效绩效管理的前提是有效的战略规划。只评估具体任务计划执行得好坏，而没有跟踪、评估计划本身的机制，即使个人绩效表现良好，对组织绩效而言也可能起不到实质的驱动作用。试想，流水线上的工人拼命完成的工作成果被积压在仓库里，那么所谓的"完美绩效管理"，无论是时间、成本、质量或数量，又有什么意义呢？

组织必须建立卓有成效的战略规划，并基于此设计考核指标。战略规划，甚至是战略意图，才是组织绩效提升的原动力。

在组织中，大量的精力和投入都被用来完善对战略以外对象的管理。许多组织拥有发达的计划系统，借助先进的管理理论来定义人员、流程、产品和服务的考核指标与管理办法。

但极少有组织能够真正理解和关注战略计划，能够对战略的执行好坏进行评价，大量的绩效管理指标也从未与战略挂钩，因为在这些组织中根本没有或只有笼统的战略计划，抑或只是采用"拿来主义"的办法。

没有具体、有效的战略计划往往导致这样一种结果：销售指标是一切工作的重心，眼前的利润促使销售人员愿意以任何可能的价格销售产品。当然，在斯密达公司的销售旺季，销售人员也会隐藏一些客户合同，以备完成来年的指标任务。销售人员往往会随意应允客户的许多附加要求。而时间成了对产品开发人员考核的唯一重要指标，公司的研发也很少能够顾及产品的战略。为了完成任务，研发部门补充大量的程序员去作增值开发，而这些人的命运可想而知。没有人分析每个项目的具体成本（因为成本预算是按部门考核的），以及对其他部门资源配置及各种部署的影响，因为它们与考核无关。而那些忙碌于日常工作的二线员工也从未真正看到他们对企业的贡献。

缺乏具体、有效的战略计划指导同时也是"救火式"管理的根源——销售额上去了，大量没有经验的人员招进来了，成本失控了，质量下降了，工艺失灵了，竞争加剧了，客户流失了，公司裁员了……当一个又一个问题接踵而来时，你只能被动地"救火"，而所谓的绩效管理也随之成了摆设，成了压缩开支的手段，而非挽救公司的动力源。

员工绩效的有效管理和个人能力的充分发挥都基于真正有效的战略计划，并体现在产品与服务当中。这个计划应该给个人贡献和团队贡献以更多的空间，而不是单纯将员工视为机器，只是等待被检验"运转是否正常"。

这个计划的制订还应考虑如何激励那些优秀员工并利用员工智慧。因为大多数管理者的专业知识已被诸如公司内部规划与管理、财务细节所替代，因此，他们很难提出竞争创新的战略（战略笼统的原因之一）。

传统的战略目标分解方式认为，公司目标指导业务单位的战略，而业务单位的战略指导职能策略。这种单纯的自上而下的战略计划方式意味着高层管理者制订糟糕的战略时，低级别人员只能处于执行的位置。等级制度使得向上沟通被认为只不过是反馈。

新的战略计划方式还需要一种自下而上的战略规划，甚至是从每一项产品或服务的价值链的每一个环节分析开始。竞争优势终将是不同产品或服务的价值链上各个环节竞争优势的集合，而这些环节与不同职务的员工一一对应，每个人在工作中都需要判断、评估目前采用的战略、采取的行动是否有效。这将是一项系统工程。很少有企业真正将战略与个人挂钩，因为目前还缺乏基于系统工程思想有效的计划系统。

对绩效管理的错误认识

正确地认识绩效管理是正确运用绩效管理的前提。

管理事典 ————————

A公司是一家跨国集团企业，随着国内外竞争的加剧，组织体系中根深蒂固的腐朽的行政体制、公司战略不明确、资产不断增加但总体盈利水平和抗风险能力不断降低等多种不协调因素开始凸现。

深入分析

为什么会出现这种情况呢？这种现状与企业管理现状有关，如企业管理不完善、管理水平滞后、管理者的观念没有转变、企业员工的素质水平参差不齐等，但根本原因在于企业管理者尤其是企业的中高层管理者在认识上存在误区，导致了绩效管理的方向性错误。

面对 A 公司内外部环境的变化，其管理层以及大多数员工基本上都明白公司近年来正处于衰落期与变革期的交汇点，感觉到了变革和创新的迫切性。

尤其是高层管理者，近年来对总部各职能部门忙闲不均、办事效率和工作质量低等问题十分不满，多次让各部门分析原因、改进工作，但是没有什么效果。于是，公司决定依靠外部力量，从人力资源变革入手，邀请咨询机构帮助变革。A 公司在和多家人力资源咨询公司进行接触和沟通之后，与一家国际知名管理咨询公司 B 公司签订了咨询协议，并成立了一个项目小组，由公司人力资源主管任组长，人力资源部经理与管理咨询公司负责人任副组长，人力资源部副主任任变革办公室主任，负责日常工作。为了不影响人力资源部的工作，该部将新调入的几位年轻人安排在办公室负责日常事务。由于高层领导太忙，整个项目基本上由项目小组办公室操作。

B 公司经过一段时间的访谈和摸底，提出了咨询方案，即此次项目咨询不涉及公司经营战略和上层组织架构设计，而是在现有的策略和组织架构基础上进行人力资源管理体系优化工作。经过两个月的咨询活动，咨询公司在提交了方案之后就离开了公司，A 公司项目小组负责对该方案进行推进实施。但是一年之后，绩效管理的方案迟迟推行不下去，A 企业花费了大量的时间和精力，却做了一堆的无用功，导致的结果是员工害怕、经理反感，人力资源管理部门伤透了脑筋。

正确方法

为了能够正确看待企业的绩效管理，应该注意以下几点：

1. 纠正基本概念的错误：将绩效评价等同绩效管理

这是比较普遍的一种误解。企业的管理者没有真正理解绩效管理系统的真实含义，没有将之视为系统，而是简单地认为其就是绩效评价，认为作了绩效评价就是绩效管理。这是非常严重的错误认识。绩效管理是经理和员工持续的双向沟通的一个过程，在这个过程中，经理和员工就绩效目标达成协议，并以此为导向，进行持续的双向沟通，帮助员工不断提高工作绩效，完成工作目标。

只注重绩效评价的管理者认为绩效评价的形式特别重要，总想设计出既省力又有效的绩效评价表格，希望能够找到万能的评价表，以实现绩效管理。所以，他们在寻找绩效评价工作和方法上花费了大量的时间和精力，却终不得其法，始终找不到能够解决一切问题、适合所有员工的评价形式。遗憾的是，他们始终走不出这个误区，所以，绩效管理没有真正得到实施，实际上从源头上就产生了错误的认识。

2. 纠正角色分配的错误：绩效管理只是人力资源部的事情

企业普遍的一个认识是人力资源管理是人力资源部的事情，绩效管理是人力资源管理的一部分，当然由人力资源部来做。一些总经理只作一些关于实施绩效管理的指示，剩下的工作全部交给人力资源部，做得不好就是人力资源部的责任，这也是我们的绩效管理得不到有效实施的一个非常重要的原因。虽然人力资源部对绩效管理的有效实施负有责任，但绝不是完全的责任。人力资源部在绩效管理实施中主要扮演流程／程序的制订者、工作表格的提供者和咨询顾问的角色。至于是否推行、用多大力度推行则与人力资源部无关，这是领导的责任。推行的责任在企业的高层，尤其要取得最高层的支持和鼓励。离开了高层的努力，人力资源部的一切工作都是白费。高层的努力不是开始的动员那么简单，而是要贯穿整个始终，直到绩效管理的完全实施，最高管理层都要进行过程控制，因为还有绩效管理系统的完善、更新、进步，每一步都离不开最高管理者的关心和支持。

3. 纠正急于求成的错误：总想一步到位，过于追求完美

为了追求完美，管理者在绩效管理的形式上表现出了极大的关注，绩效管理方案改了又改，绩效表格设计了一个又一个，却总是找不着感觉，总是没有满意的，使得人力资源部疲于应付，费力费神。这种认识造成了人力资源部大量工作的浪费，无形中浪费了许多的人力资本，更打击了人力资源部的积极性，影响了他们的工作热情和创造性，努力地工作却没有成果，得不到认可，这是谁也不愿看到的。

4. 纠正管理理念的错误：认为绩效管理是经理的事，与一般员工无关

这种认识没有跳出以前绩效考核的误区，认为只要管理者知道绩效管理就可以了，员工知不知道无所谓。更为严重的是，除了人力资源部和总经理之外，没有人知道绩效管理是怎么回事，

这也是绩效管理得不到推行的一个重要原因。

5. 纠正绩效考核推行的错误：只有绩效评估没有绩效反馈

反馈面谈不仅是主管和下属对绩效评估结果进行沟通并达成共识，而且要分析绩效目标未达成的原因，从而找到改进绩效的方向和措施。由于管理者和员工对反馈面谈的心理压力和畏难情绪，加之管理者缺乏充分的准备和必要的面谈沟通技能，往往使反馈面谈失效甚至产生副作用，这是需要注意克服的。

不能掌握支付薪金的时机

及时支付薪金是管理者对员工最佳的激励方法。

管理事典 ——————

"杰克，我们的工作已经很出色了，是不是？"

"至少我自己觉得是这样。"

"可是为什么我们总是得不到自己的薪酬呢？"

"是啊，我们也都在怀疑这个问题。"

"难道公司没有这个支付能力了吗？"

"那样的话，我们就要提早作出决定。"

"什么？"

"及早找别的更好的公司，我们的劳动又不是免费的。"

"是啊，我这个月的账单都堆满了我的抽屉，可是我却还不知道该怎么消化它们呢。"

"我的车也该修了。"

比如一杯白开水，对一个刚在热沙滩上待了几个小时的人和一个刚喝下去 3 杯冰啤酒的人来说，所具有的效应是完全不同的；一个饥肠辘辘的人，你就是给他几杯白开水他也不会露出狂喜之色；而对于一个饥渴的人来说，如果那杯白开水远在天边，要过两个小时才能喝到，也不会产生太大的和直接的激励作用。

> **深入分析**
>
> 犹如烧菜，在不同的时机加入作料，菜的味道就很不一样。同样道理，掌握薪酬支付的时机直接影响着激励的效果。

薪酬支付亦是如此。不同的员工会有不同的心理需求，而同一员工由于年龄的增长、经济状况的改变、企业经营环境的变化等，对薪酬支付的需求也会有所不同。

薪酬支付的时机和薪酬支付的频率也有技巧。频率过高或者过低，都会削弱激励的效果。

支付的时机和频率的选择一定要从实际出发，实事求是地确定。一般地说，对于十分复杂、难度较大的任务，频率宜低，但在关键性的阶段应及时奖励；对于比较简单、容易完成的任务，频率宜高；对于目标任务不明确、需长期努力方可见效的工作，频率宜低；对于目标任务明确、短期即可见成果的工作，频率宜高；对于只注意眼前利益、目光短浅的人，频率宜高；对于需要层次较高、事业心较强的人，频率宜低；在劳动条件和人事环境较差、工作满意度较低的单位，奖励频率宜高；反之，频率宜低。

正确方法

1. 根据员工不同的年龄差异选择不同的支付时机

心理学家研究证明，人的主观感觉会随着年龄的增长而变快。对于同一时间单位，年轻员工会感觉很慢，而年长的员工会感觉很快，所以，就支付薪酬来说，对年轻员工必须及时支付，无论是发放奖金，给予休假，给予升迁或者提名表扬都必须及时，而对年长的员工则可延时支付。

2. 根据员工的不同知识水平选择不同的支付时机

员工的知识水平、心理素质、人生价值观不同，对于薪酬的认识和感受也不一样。对那些自制力较强、工作热情饱满、工作有积极性和主动性、知识水平较高的员工可以采取延时支付的办法，因为短暂而频率过高、强度不大的奖励对他们的激励作用不是很大。而对于那些心理素质较差、性格内向、工作主动性不高的员工，则应该采取及时支付的手段。因为这是他们积极工作的重要动力，及时支付可迅速调动他们的积极性。

3. 根据员工不同的心理反应采取不同的奖励时机

在社会生活中人们的心理状态是时常变化的，有时高兴，有时消沉；有时舒畅，有时郁

妙语点评

对员工最有效的激励莫过于及时加薪了，这并不是说每个人都爱财。薪酬不光是对员工生活的一种有效帮助，更主要的是，薪酬是一个员工价值的最直接的反映。对于一个志向高远的员工，如果他对于自己的工作效率很满意，而作为管理者却对此视而不见，那么，你有可能就要损失掉这个人才了。

闷；有时很激动，有时很平静。而不同的心理状态对奖励的需要和感知也是不一样的，管理者应该仔细观察以驾驭这种状况。一般来说，当员工情绪低落时宜采取及时奖励的薪酬支付方式，这样可以帮助他们摆脱心理困惑，重新赢得自信；而对情绪高涨者则可采取延时奖励的薪酬支付方式，这样有利于保持他们稳定的积极性。美国克莱斯勒公司总裁艾柯卡就认为，奖励一定要把握好时机。下属如果心理状态好，管理者要肯定他的成绩，给予相应的薪酬回报，同时要鼓励他百尺竿头，更进一步；当下属心灰意懒时，要适当放宽奖励的条件，针对他的闪光点，把本来未到期的奖励现在就给予他，以帮助员工振奋精神。

4. 根据企业的需要选择不同的奖励时机

奖励时机的选择一定要根据奖励对象、激励的目标而定，那些有利于企业维持良好的生产状态、保证团队合作精神的和谐、促进销售额的达成、留住顶尖人才的奖励时机都是符合企业奖励需要的。

5. 根据企业不同任务的性质选择不同的奖励时机

每一个企业的职位、岗位差别很大，完成任务的难度、周期性也不相同，因此，薪酬支付也要因时因事制宜。对于有计划、有规律的工作定额，可采取规则奖励的薪酬支付，即按照任务完成的阶段，给予及时的奖励；对于临时的、负责性的工作任务，按任务完成时间的长短制订薪酬支付的时机。

薪酬标准不公平

薪酬的标准不公平，就会使激励手段发挥不出作用。

"你难道不知道，"史塔其愤愤地说，"我们最多也是只能每小时赚 1.25 美元，而大部分时间是赚不到的。你以前干过按件计酬的工作没有？"

"没有。"

"我看得出来。你认为我如果真的每小时赚 1.25 美元（平均）会有什么后果？"

"你是说，你真的能做到？"

"我的意思是，我确实能做到。"

"他们须按照 1.25 美元的标准付给你，这不是事先说好的吗？"

"是的，他们会付给你，但只有一次！你难道不晓得如果我今晚 1 小时赚到 1.25 美元，明天那些可恶的负责劳动定额的工程师就会跑来这里，然后他们会重新测量工作速度，快到让你晕头转向！等他们量过以后，就会把工资砍掉一半！然后，你就必须为每小时 0.85 美元工作，而不是 1.25 美元！"

深入分析

对于不少中小企业来说，并没有完整的薪酬系统，而是简单的基本工资加奖金。奖金几乎成了该企业薪酬中唯一可以激励员工的部分，因此，奖金能否起到应有的作用是中小企业管理者必须密切关注的问题。

一份薪酬能否起到激励作用，一方面要看员工是否需要这份薪酬以及需求的程度，另一方面要看员工经过自身的努力是否能获得预先承诺的薪酬水平。

从上述对话中你也许能够看出，员工对管理层的制度不信任也是导致激励手段失败的原因。他们认为，如果努力工作，提高了工作效率，劳资部门将会提高工作标准，从而使自己多付出了劳动却少拿了钱。

正确方法

如果你想有效地激励员工，必须将奖励的标准制订得尽量公平。

如何让员工对薪酬满意，是领导者需要面对的一个重要课题。作为一个领导者，应该从以下几个方面把握：

1. 基于员工的岗位

主要依据岗位在企业内的相对价值为员工付酬。岗位的相对价值高，其工资也高，反之亦然。通俗地讲就是，在什么岗，拿什么钱。军队和政府组织实施的是典型的依据岗位级别付酬的制度。在这种薪酬模式下，员工工资的增长主要依靠职位的晋升。因此，其导向的行为是：遵从等级秩序和严格的规章制度，千方百计获得晋升机会，注重人际网络关系的建设，为获得职位晋升采取必要行为。

2. 基于员工的工作结果

在同一个岗位上，工作效率高的员工应该得到应有的奖励。企业要求员工根据环境变化主动设定目标，挑战过去，只是"正确地做事"已经不能满足竞争的需要，企业更强调"做正确的事"，要结果，而不是过程。因此，主要按绩效付酬就成为必然的选择，其依据可以是企业整体的绩效、部门的整体绩效，也可以是团队或者个人的绩效。

3. 为员工提供有竞争力的薪酬

这样，他们一进企业便会珍惜这份工作，竭尽全力，把自己的本领都使出来。支付最高工资的企业最能吸引并且留住人才，尤其是那些出类拔萃的员工。这对于行业内的领先企业尤其必要。较高的薪酬会带来更高的满意度以及较低的离职率。一个结构合理、管理良好的绩效和薪酬管理制度，应能留住优秀的员工，淘汰表现较差的员工。

4. 重视内在报酬

实际上，报酬可以划分为两类：外在的与内在的。外在报酬主要指组织提供的工资、福利、津贴和晋升机会，以及来自于同事和上级的认同。而内在报酬是和外在报酬相对而言的，它是基于工作任务本身的报酬，如对工作的胜任感、成就感、责任感、受重视、有影响力、个人成长和富有价值的贡献等。事实上，对于知识型的员工，内在报酬和员工的工作满意度有相当大的关系。因此，企业组织可以通过工作制度、员工影响力、人力资源流动政策来执行内在报酬，让员工从工作本身得到最大的满足。

5. 把收入和技能挂钩

（1）员工注重能力的提升，就容易转换岗位，也就增加了发展机会，将来即使不在这个企

妙语点评

在团队合作的工作中，需要的是知识共享、相互启发，很难划清团队成员的具体职责，以岗位为主的管理模式已经不是特别合适了，没有一个公平的薪酬标准很难使企业有活力。随着组织越来越扁平，职位层级越来越少，权力逐渐下移，企业需要员工掌握多种技能以适应多变的环境，薪酬标准也应该随之加以改变。

业也会有竞争力；

（2）不愿意在行政管理岗位上发展的员工可以在专业领域深入下去，同样获得好的待遇，对企业来说是留住了专业技术人才；

（3）员工能力的不断提升，使企业能够适应环境的多变，从而增强企业的灵活性。

6. 参与薪酬制度的设计与管理

国外公司在这方面的实践结果表明，让员工参与薪酬制度的设计与管理，与没有员工参加而制订的绩效薪酬制度相比，往往可以产生令人满意和长期有效的效果。员工更多地参与薪酬制度的设计与管理，无疑有助于形成一个更能使员工满意度增加和更符合企业实际的绩效薪酬制度。在参与制度设计的过程中，针对绩效评估和薪酬管理进行沟通，不仅可以促进领导者与员工之间的相互信任，而且还可以使薪资系统变得更加有效。

加薪不灵活

灵活地加薪可以让每一个员工都得到应有的激励。

管理事典 ———————

罗伊正在处理一件重要的事务。一位员工走进他的办公室，郑重地对他说："我觉得这个月应该给我加薪了。我参与开发的售饭机投入市场以来，销售一直都很不错……"

"你觉得你的工作已经很出色了吗？"

"是的，我除了按标准完成之外，有些方面还超额完成了。"

"这样吧，你先回去，我会及时考虑你的要求的。"

"可是我觉得自己工作做得很出色，这个薪水已经不适合我了。上次加薪时，你就只给了珍妮和瑞斯，我觉得我并不比他们差，而且有些方面还比他们更突出。你为什么没有注意到我呢？"

"公司有公司的规定，你的薪酬已经是你们这些新来的人中最高的了。我总不能把你的薪水加到比你的上司还高吧。"

"可是我觉得薪酬是根据一个人完成工作的效果来决定的，而不是你所说的其他方面。"

罗伊有些茫然，不知该怎么打发这名要求加薪的员工。

如果你的企业没有定期加薪的制度，而是依照你的推荐决定，你的回答就比较棘手了。此时你应该告诉他，你推荐加薪的标准是什么，并让员工谈一谈对自己近期表现的看法，之后你必须回答的两个问题是：

（1）该员工工作是否非常出色？

深入分析

这时，罗伊应该怎么回答好呢？

如果你的公司有系统的考核机制，有详细的根据绩效决定的加薪制度，那么这个问题就很好回答了。你可以很详细地告诉他有关加薪制度的细节，包括下次评定时间，到目前为止他的绩效和表现等，接着拍拍他的肩膀，带着鼓励的语气对他说："如果你能够继续努力的话，我想这一次的加薪机会你肯定会争取到的。"

（2）与其他员工相比，该员工的薪酬水平是否公平而合理？

如果你第一个问题的答案是"是"，第二个问题的答案是"不"，也许你应该考虑推荐他加薪了；同时你应该对自己的疏忽向该员工表示深深歉意，并且应该鼓励他再接再厉。

但是，在许多情况下，你不会立即给他加薪的，因为他的表现并不出色，这是异常尴尬的事情，因为员工自己并不这么认为。在这种情况下，你应当对他取得的成绩给予肯定，重申该员工的表现，并对照你推荐加薪的条件加以比较，向他明确指出需要在工作中做哪些改进。对提高他的工作绩效提供帮助，并且为他设立特别的奖励目标。只有这样，你的员工才会感到你在重视他并且是在帮助他。

加薪是指一个企业员工的薪酬根据年龄、继续服务的年限，或者考核结果、实际能力、职务等的上升所增加的基本薪酬金额。

加薪的运用是比较灵活的。

正确方法

以下总结出了一些秘诀，供你在为员工加薪的时候参考：

（1）配合员工的喜好。绩效管理顾问艾伦建议管理者设计一份问卷，调查员工的喜好。

（2）对员工进行正确评估。工作性质不同以及价值的不同要求你使用不同的薪酬支付手段。

（3）抓住适当时机，把加薪的理由表达得明确无误。

（4）让员工参与加薪方案的设计与推动。

（5）让加薪支付的手段与花样不断翻新，给员工以不断的惊喜。

（6）保持加薪支付方案公开而富有弹性。

（7）加薪支付的方式要与公司的经营理念相符合。

（8）合理拉开加薪支付水平的档次。

（9）因人而异选择加薪支付的频率与内容。

在这里，最重要的就是对员工进行评估，该不该加薪、如何加薪，只有一个公平合理的评估才可以进行。下面，我们就说一说评估的几种方法。

1. 对职能线部分用职位评估的方式

企业的组织架构不管是网络型、矩阵型，还是时效型，都是基于职能线的基础上，根据外部的机会点进行临时的资源调配和整合，从各资源线调集人员形成项目小组。员工在项目中的角色与他在职能线部门的职位具有较大的相关性，这是一个客观的基础。在企业招聘人员时，通常会先按职能线聘用，再根据工作表现分配到项目组工作。职位评估是针对具体的职位，对组织来说具有相当的稳定性，但基于职位评估的薪酬体系只关注对具体的工作职责负责，是相对静态的。

2. 能力评估方式

基于能力的薪酬体系关注员工能力提升，能力要素是薪酬评价的一部分。在处理多角色人员的薪酬时，鼓励他们在知识、技能方面不断提高，倡导员工的自发学习，从而形成内部的学习型团队。能力评价的前提工作是要对该部分多角色人员的能力要素进行提炼，对企业的发展最关键的员工能力要素有哪些，同时涉及能力要素的界定和等级划分问题，这部分内容界定不清楚，就会动摇整个能力评价体系的基础。界定工作需要企业各个层面的人员特别是相关的多角色的任职者做大量的工作，否则就会影响后续的一系列要求。

根据能力要素矩阵的内容要求对多角色人员进行评价，从而形成对职位评估结果的补充。能力要素会随着企业发展的不同要求而发生变化，员工的任职能力也会随着经验的增长不断提升，因此，对员工的评价要以周期性的方式进行，目前许多企业是以一年为周期的。

但是，一种是以职位为基础，一种是以人为基础，在设计薪酬体系时两者之间的契合点如何界定，就是下面要谈到的内容。

3. 契合点的设定

基于职位评估和能力评估的薪酬设计体系都有明显优势和不足之处，寻找契合点的目的就是将两者的优点结合起来，将企业关注的贡献点和员工关注的能力结合起来，将不足降到最低程度。在这一点上可以考虑2/8原则，即能力评价占20%，剩下职位价值占80%。

职位评估强调职位对企业的贡献点，价值是相对稳定的。多角色人员都是从职能线人员临时组合的，会随着项目的产生与结束发生角色的变化，基本不变的是职能线的角色。因此，薪酬设计考虑更多的内容是他们的职能线角色，这部分就可以通过职位评估得出。

能力评价强调任职者能力的提升，这部分内容的可变性较强，在薪酬设计中以较小的比重考虑。主要体现企业的价值导向，鼓励员工为个人成长和工作效率的提升而努力，从而形成学习型的组织氛围。

任何一种薪酬设计方法都会存在不足，这里谈到的方法是对多角色人员设计薪酬的一种思路。但考虑到企业投入的问题，所以建议规模较大和项目组运作较多的组织采用。

绩效衡量错位

有效地使用绩效衡量方法可以对企业运营状况进行及时的反馈。

管理事典 ————————

"为什么我们的绩效衡量总让我感觉反映不出员工的水平呢？"总裁史密斯问他的人事主管。

"你怎么会有这样的感觉呢？"

"因为在上次和客户谈判中，我发现了一个很优秀的员工，可是为什么在最后的绩效考核中，我却发现他的绩效还不如一名做得最差的员工呢？"

"史密斯先生，其实，他也只是那一次发挥出色，平时的他工作态度和工作方法都很差，我们的绩效衡量应该是多方位的。"

"可是就是上次的精彩表现在他的绩效考核中也未体现出来，你能说你的绩效考核不失衡吗？还有，那个卡尔，的确，他的业绩一直很出色，可是他这个人职业道德很差，他曾多次将我们的商业机密泄露出去，在你的绩效考核中为什么也没有显示出来呢？"

有效地使用绩效衡量方法可以对企业运营状况进行及时的反馈。根据这些反馈，我们可以判断企业是否在向自己的组织目标迈进、员工是否需要培训、流程该如何优化重组等。作为对企业运营结果的反映，绩效衡量为企业的改进方向提供了切实的依据。

与此同时，绩效衡量使用不当也有可能造成打击组织士气、降低团队效率、妨碍质量改进等负面因素。

正确方法

企业绩效衡量中应注意以下几点：

1. 不要经验主义，重历史轻未来

结果管理的基础是历史信息，它展示的是今天的结果，这样的结果往往是昨天的管理决策造成的。但是，对于今天的决策如何影响未来的结果往往并不具备参考和预测价值。

在这个充满竞争和变化的时代，企业已经不能根据以往的经验来判断、预测未来。

提高和改进始于对结果有重大影响的关键服务、产品、流程和支持系统的识别和衡量。但是，如果采用守株待兔的方式，单纯从过去的经验来做判断，就像驾驶者只看后视镜，企业早晚会驶入绩效下滑的泥潭。

2. 不要重个人轻结构

与选择衡量指标同样重要的是衡量信息的使用。在许多组织中，团队成员抵制对各种比率、循环周期和客户满意度的精确衡量，因为这些详细的信息将他们的工作暴露无遗，使之成为绩效责任的直接承担者。

大量的证据表明，企业85%~90%的错误来源于组织结构、系统和过程，但是大多数的经理还是习惯于从人身上而非结构和流程上找问题。

3. 绩效衡量要及时

只有在你的衡量出来以后，公司才可以继续经营，而推动公司运作正是管理者的职责所在。有些时候你可能很想暂缓作出决定，直到收集到更多的资料为止。这种做法有时是可以的，但是大多数时候这样是行不通的。更多的资料并不能帮你做出决策，反而会因为拖延时间而使得绩效一无是处。

4. 不要重内部轻外部

很多企业设计的绩效指标着眼于满足内部的需要。管理者满足于命令一体控制模式，对每一项作业和工作日的每一分钟进行跟踪，绩效指标的设计也仅限于某些内部职能部门，如财务、人力资源、信息技术等。

这种绩效衡量的方法忽略了客户的需求，高

品质的服务提供者需要从外部对客户进行衡量。这要求企业首先明确对客户来说什么是最重要的，接着考虑如何向客户提供产品和服务，然后落实到具体的产品生产和提供服务的人员身上。对管理者和相应职能部门的绩效衡量指标设计，也应该从这个"客户—服务者—生产者"链条背后的驱动因素为出发点进行。

5. 不要知行不一，重衡量轻行动

绩效衡量仅仅是一个指标汇报体系，不管衡量体系有多么先进，衡量结果只能告诉企业绩效之现状。

第五章

在团队管理中
可能犯的错误

无法处理内部权力纷争

设置一个好的管理机制来制约内部的权力纷争，可以有效地减少内耗。

管理事典 ——————

"董事长，我觉得查理不适合做一个人力资源管理者，你应该考虑替换掉他。"

"那么，杰克，你认为谁最适合呢？"

"你考虑一下我，我觉得我在这方面的经验比他要丰富，而且我做事也比较谨慎。"

"可是，你知道吗，查理刚才已经和我进行了一次谈话，你想知道我们的谈话内容吗？"

"当然，董事长。"

"查理认为你做他的副手都不称职。"

"什么？这头蠢猪。他竟敢这么说？"

在现代市场经济条件下，企

深入分析

企业的内部权力纷争是企业的主要内耗之一，是一种普遍现象。内耗不仅耗掉了许许多多社会资源，也耗掉了我们太多的个人精力，甚至宝贵的生命。减少内耗，我们的路会更顺畅，生活会更美好，未来也会更辉煌。

业作为一个经济组织必须参与激烈的市场竞争。只有有效减少内耗，让员工将主要精力放在工作上，企业的竞争力才会大大提高。

正确方法

减少企业内耗是一项极其复杂的系统工程，需要我们从管理的不同角度和不同层次做大量艰苦而细致的工作。

1. 组织结构设计：权责明确

对企业经营班子实行行政首长负责制，总经理对生产经营活动及完成工作目标情况负全责。副职要积极配合正职搞好工作，相互支持。副职与正职之间的矛盾闹得不可开交时，无条件免除副职。经营班子的决策责任，必须落实到人头。董事会集体决策，由董事个人负责；总经理办公会集体决策，由总经理负责；总经理没有一票肯定权，但有一票否决权等，从而形成职责明确、责权分明、避免内耗的组织管理体系。

2. 对企业管理者的考核突出生产力标准

企业及其主要管理者的考核以业绩为主，重点是年度目标的完成情况。对完成任务好的予以表彰，对不能完成任务者坚决红牌罚下。通过业绩考评，做到员工能上能下，待遇能高能低，员工能进能出。同时坚持员工考评，提倡管理者之间没有工作关系以外的其他关系，坚决反对各种形式的小团体主义，在全体员工中树立一心为企业发展做贡献的正气。

3. 树立目标导向、注重时效的企业管理理念

以自己的好恶简单地评价一个人的好坏，是小学生水平；遇事爱钻牛角尖、怨天尤人，是中学生水平；不以自己的好恶去议论人的好

坏，不去纠缠枝节及外部环境的是非对错，竭尽全力实现工作目标，是大学生水平；能够化不利为有利，化消极为积极，化干戈为玉帛，化腐朽为神奇，能够在任何艰难困苦的环境下都做出业绩，是研究生水平。刚开始，会有许多员工不接受这个理念，但随着时间的推移，认同度越来越高，并且潜移默化地影响着员工的行为方式，结果会是中小学生水平的人越来越少，逐步形成注重时效、团结一心干工作的良好氛围。

4. 建立具有开放意识和包容心态的企业文化

　　矛盾是对立统一的。在企业的发展中，时时有矛盾，处处有矛盾，互为前提，相互依存，互为对立，相互转化，这是很正常的。但讲到矛盾的解决方式，主要是强调一方压倒一方、一方吃掉一方，这就未免有些偏颇。事实上，矛盾的解决方式应该有多种。

　　在企业中，解决内部矛盾可适当采取以下两种方式：

　　（1）合二为一。即可以经过对立斗争达到新的统一。

　　（2）双赢或多赢。即通过良性竞争促进发展。双赢、多赢是当前国际工商企业实践中既典型又普遍存在的现象，也是在大多数情况下人们追求并且乐于看到的结果。

5. 建立不道德者的制约制度

在我们的工作和生活中，很少有人没被不道德之人所累，几乎没有单位没被不道德之人搅扰，许多内耗是由不道德之人挑起的。显然，没有消除良方，在这个棘手的问题上，我们能做的是将不道德之人的负面作用尽可能降低，让不道德之人为其所为付出代价。

不道德之人的活动大都躲在暗处，所作所为都目的明确，必须设法不让其得逞。监督工作既要打击违肇事者，更要坚决支持改革者……匿名信一般不查。对被举报的违纪违法事件，要一查到底，对查实的违纪违法者要严肃处理，同时也要保护好反映情况者；对被诬陷者要还其清白，依法处理诬告者，坚决不让恶意诬告者的目的得逞。

在现实生活中，当一个企业面临班子调整、一个管理者可能被重用时，告状信常常特别多。这时就要认真甄别，坚决支持干事创业的干部，让不道德之人的目的落空，这样做就会使恶意告状者越来越少。一个有竞争力的企业，就是不道德行为、不良行为受到有效制约的组织。

自己当明星

聪明的管理者懂得，管理不是自己当明星，而是创造明星。

管理事典 ——

美国西海岸公司的采购经理玛丽，为她的公司审核一家新的供应商艾克米公司。为了消除疑虑，她与艾克米公司的工作人员开会，并询问了他们许多问题，例如"如果工厂发生火灾怎么办""如果制造零件的机器坏了怎么办"，等等。让她感到惊讶的是，虽然艾克米公司的所有职员都在场，但是每个问题却都是由总经理回答的。

当会议接近尾声时，她问了主持这场会议的总经理最后一个问题。她问："万一你不在公司的话怎么办？"这种单刀直入的问题其实不难回答。她之所以问这个问题，是因为总经理似乎是艾克米公司的精神支柱，因此，她想借这个机会了解其他员工的能力。当每个在场的人都静静地等着总经理的回答时，他耸耸肩膀，露出"你说得一点都没错，我是这个公司的灵魂人物"的表情。虽然他什么都没有说，但是他的沉默和态度已说明了一切。这个管理者，沉浸在头上的光环之中，一味地沾沾自喜，丝毫没有消除客户疑虑的打算，因此眼睁睁地失掉了一笔大生意，同时，也失去了下属的尊敬和忠心。

而另一家公司的董事长也曾被问到同样的问题，他则认为这个问题很有趣。他说："我只希望有人会注意到我不在这家公司了。"最后他说："我想应该有人会怀念我，但是这家公司会如往常一样正常运作。"

不了解自己的角色是创造明星，而非自己当明星，可以说这是管理者所犯的最严重的管理错误。但是，现实社会中，管理者还是常常抢夺下属的功劳。上面的案例说明一名懂得创造明星的管理者，永远把机会留给下属，并从不吝啬赞扬他的下属，但是艾克米公司的总经理却没有做到。其实，他的下属也十分能干，而且可以在他不在的时候担负起他的工作，但他却白白地让这个机会溜掉。

正确方法

记住，不要既想当教练，又想当进球的那个人。管理者的职责是"创造明星"，经理的工作是鼓励和支持下属。

1. 不要抢夺下属的功劳

管理者切记不要把下属的功劳说成是在自己的帮助下取得的，更不要夺下属的功劳归自己所有。这是最失人心的一种做法。这会让你的员工慢慢地远离你，最后你将成为孤家寡人。

2. 暗中帮助你的员工

不要害怕你的员工超过你，只有一个有竞争的团队才是进步的团队。你不但要鼓励员工们超过你，而且要能在暗中对你的员工进行帮助，这样，你的员工自然会知道他得到的成绩是因为你的帮助，他会永远对你感激不尽，而且会死心塌地地跟着你。

3. 不要挫伤你的员工

管理者不要因为下属没有成功就否定下属的工作。要为他们制订一个长远的目标，这样才能培养出有能力的下属。

4. 要赞扬下属取得的成绩

不要吝惜赞美。哪怕只是一个小小的成功，也要表扬他们。帮他们建立自信心，自信心是取得进步的关键因素。但是这种表扬要有分寸、有

妙语点评

管理者的真正目的是创造明星，而非自己当明星。在荣誉到来之前，一些管理者常常利用自己的领导地位挺身而出，当仁不让，似乎这样才能表现出自己的高大形象，才能说明自己的成功。殊不知，一个管理者是否真正成功，得看他手下的员工是不是成功了，只有员工成功了，才表明你这个管理者也成功了。

诚意，让你的员工感觉到他们的确是取得了进步，千万不要泛泛地表扬，让员工们以为即使他们做得不是很好也能得到表扬，这就与领导的原意背道而驰了。

5. 鼓励员工们敢于探索，敢于创新，敢于突破

不要什么难事都轮到你最后解决，应该让你的员工学会处理一些难题，让他们在工作中不断地提高。这样，你的团队的核心竞争力得到了提升，也不会出现只有你这一枝独秀的情况了。

总之，管理者要明白自己的地位、自己的行为在员工中所造成的影响。鼓励所有的员工进步，而不是自己当全能。

不实施反馈制度

没有反馈制度，你的下一步决策就会受到不利因素的牵制。

管理事典 ————

拉菲尔德面带笑容地说："老板，我们提前两天完成了那项自我进步的培训计划。"

管理者："太好了，但是如果你能尽量满足他们提出的要求，那就更好了。"

拉菲尔德："什么？我们是严格按照我们去年9月签订的协议来做的，我可以拿出原本文件来给你看看。"

管理者："或许是吧。但是肯定有些地方出错了，因为奥古斯汀·弥尔兹刚从上级部门打过电话来，他很不满意。他明天早上的第一件事就是想让我和你到他办公室里去一趟。"

拉菲尔德一头雾水，问题出在哪儿呢？

深入分析

当工作是按部就班的例行公事，那么反馈制度就可以使之有标准。譬如每月公开发放几份调查表，来调查员工对公司的意见等。但是，并不是所有的工作都是程式化的，拉菲尔德的工作可能就不是。从一个工作项目被安排好，到最后交付之前往往有一段漫长的时期。如果在工作开始和完成的时间上跨度很大，客户的要求往往会发生改变。那是你所期望的吗？当然不是，但是你不得不面对。一般的情况是，如果是一项长期的工作，从事这份工作的员工在工作过程中就要连续得到管理者评价的反馈意见，及时做到沟通。要么帮助员工走出困境，要么引导他不要进入误区，这样，既节省时间，又能让员工随时得到你的反馈意见，不至于让员工如盲人探路，没有比这更复杂的情况了。

作为一个管理者，一定不要在你的员工兴高采烈地向你报告他的成绩时，你告诉他他的方向错了，尤其是这名员工花费了很多的心血才完成了任务。上述这位管理者，缺乏的就是随时和他的手下沟通，造成了上下不通，只好自己做好善后工作——去向他的上司解释清楚。这位管理者给员工的都是"马后炮"，虽然这也是些反馈信息。

如果工作项目固定在一些相对小规模的任务上，那么运用反馈制度来帮助修改工作计划就成为重中之重。

在上面这个案例中，聪明的管理者应该能够认清自身的错误给员工造成的损失，而不要让拉菲尔德当替罪羊，除非他故意拒绝接受反馈意见，因为这是管理上和整个工作团队的错误。

如果想成功地完成一项大规模的工作项目，不需要任何反馈意见或不理会这些反馈意见，是很难把工作做好的。如果没有反馈意见而员工的工作却完全令你满意，那么只能说算你的运气好。

提高质量的运动强调把反馈制度作为每项工作程序运行的一部分。员工们应该能够及时地看到工作过程进行得如何——譬如，通过有关工作进度的图表，使他们能够从过程中得到反馈意见，针对这些意见立即进行改进——而不是一个星期或一个月以后才做出改进。在大多数情况下，工作程序是一种例行公事，反馈制度也是一种例行公事。如果你执行的是这样的工作程序，无论机械的还是人为的，你都应该把反馈制度加进去。

就算你的大多数工作不可能都是那样的例行公事，你仍然能够得到有效的反馈意见，即和你的团队员工进行交谈，确保他们理解反馈制度的重要性。在具体的项目中和他们一起工作，以寻找有效地获得反馈的方法。如果有必要，帮助他们解释和使用反馈意见，使你自己以及每个人的注意力集中在获取和使用反馈意见上。这样，你将对你们工作效率的提高之快大为惊叹！

正确方法

任何长期的工作项目，通常允许甚至常常要求员工和管理者保持不断的联系。如何把这些联系转化为得到反馈的机遇呢？

1. 确保机遇的存在；如果没有机遇，创造机遇

保持联系的时间越长，你的员工和客户越有可能互相保持同步。

你需要对这种联系列出计划，并找到合理的理由。"嗨，我们为你需要的课程做出了一个框架。你愿意星期二和我一块儿去看一看吗?"或"我到了你们大楼的第12层。我们是否能共同探讨一下你目前使用我们产品的情况?"

2. 经常询问客户对你的产品的意见，并对这些意见进行密切的关注

不要指望所有的客户都了解产品，都能对产品给出明确的反馈，因为这是不现实的。客户给你提出反馈意见对他们自己来说是无所谓的，他们总是会说一些好听的恭维话，或是其他无关紧要的话。不过，只要你认真地征求并听取他们的意见，你就会得到正确的反馈意见。

无论你心里怎么想，都绝对不要对批评性的建议做出负面的反应。如果你希望获得有效的反馈意见，那么你就要做到这一点。你同意对你的批评吗? 不管你同意不同意，你都得认真地听取这些建议。你询问客户问题，并对此做出了一种合理的反应。这种反应包括从"我不知道这个情况，但我们将立即进行改正"到"我理解你为什么这么不满意，但是让我解释一下这里到底出了什么问题"。只有当你认真地听取了客户对你的批评，理解了，并且做出了适当的反应，将来你才能够获得客观的反馈意见。

妙语点评

只有能够得到及时的、直接的、有用的反馈意见，员工们才能在生产过程中修补错误和提高工作表现。如果反馈意见被延误了，或者经过多层管理人员或办公室的筛选，或者以一种很难理解的形式提供给员工时，员工们就很难把这些意见转化为积极改进工作的表现。

让客户的反馈直接传到你的员工那里，而不是只告诉你自己或其他的管理者。如果发生了让客户不满意的情况，不要总让你的客户给你打电话，否则你的员工得到的所有的反馈意见都是你挑选出来的（或回忆起来的）。更糟的是，你还切断了你的员工和客户之间的直接联系。向你的员工讲清楚让客户满意是他们的责任，然后对客户也同样讲清楚这一点，即对他们负责的是你的员工。你要跳出他们之间的责任关系。不过你也要详细了解客户的反馈意见和员工采取的措施。通过定期的进度报告，你的员工给你提供关于他们正在从事的工作项目的反馈意见，你就能详细地了解情况。

不会鼓励员工

鼓励是灵丹妙药，员工被鼓励后会有惊人的表现。

管理事典 ——————

"麦克，你是怎么回事？怎么老是不能完成我交给你的任务？"

"老板，我已经很努力了，可是——"

"没有可是，你太笨了，这么简单的事情总是不能完成。"

"可是老板，我在别的方面很出色的。"

"什么？你在别的方面的工作是你应该完成的任务吗？"

"那么好吧，我看我还是辞职好了。"

1. 鼓励可以培养员工，提高员工的自信心

深入分析

从上面的例子我们看出，这位管理者不会鼓励员工，致使他的管理失败。

一个人的成长、成功，离不开鼓励，鼓励就是给员工机会锻炼及证明自己的能力。在员工每天的工作、生活中，一个温暖的言行、一束期待的目光、一句激励的评语都会激发员工的上进心，可能会改变他对工作的态度，对人生的态度。在鼓励的作用下，员工可以认识到自己的潜力，不断发展各种能力，成为生活中的成功者。

鼓励还可以唤起员工乐于工作的激情。管理者的鼓励就像一缕春风，滋润着员工的心田；又像一架桥梁，拉近了管理者与员工的距离。在这种情况下，员工岂有不爱工作、不愿工作之理？

2. 鼓励员工可以促进工作顺利完成，保证工作质量

管理者用尖刻的言语奚落、讽刺、挖苦员工，表面上员工是在听你的，按你说的去做，但实际上员工只是在敷衍了事，因为他根本体会不到工作的乐趣，工作质量肯定不高。同时，奚落、讽刺、挖苦更多的是伤害员工的心灵，长此以往，员工的自尊被摧毁，自信被打击，智慧被扼杀，工作可能干得更不好，最后抱着一切无所谓的态度，这对员工、对管理者、对企业都不利。

3. 鼓励员工可以体现管理者的个人修养

管理的艺术不在于作指示、下命令，而在于激励、唤醒、鼓舞员工为你的工作目标去奋斗。一个只会下命令的领导不是好领导，特别是对执行层的领导来说。

4. 鼓励员工可以树立管理者的个人威信

鼓励员工，无疑会树立管理者在员工心目中可亲、可敬的形象，觉得管理者是值得信赖的人，这对于促进员工与管理者的沟通、促进工作很有好处。员工也愿意为这样的管理者努力工作。

5. 鼓励员工可以为企业创造良好的文化环境

管理者鼓励员工，可以在公司形成非常好的互助互励的氛围，这无疑是创造学习型组织的基础，同时也能体现企业管理"以人为本"的理念。

一句鼓励的话，可改变一个人的观念与行为，甚至改变一个人的命运；一句负面的话，可刺伤一个人的心灵与身体，甚至毁灭一个人的未来，希望管理者以及期望成为一个管理者的人谨记。

正确方法

如何让自己成为一个有魅力的管理者？如何更有效地激励员工的士气？

著名管理顾问尼尔森提出："未来企业经营的重要趋势之一，是企业经营管理者不再像过去那样扮演权威角色，而是要设法以更有效的方法，间接引爆员工潜力，创造企业最高效益。"

1. 认可你的员工

毫无疑问，这是一个非常行之有效的方法，如果你有意或无意间不断地违反这个原则的话，你身边就不可能有干劲十足的人。

认可有很多种不同的形式：从提升某个人在公司中的地位到简短到只有几行字的感谢信；从你介绍一个下属的方式到你看似不经意间提到的对公司里鲜花摆放的满意程度。

2. 让员工参与决策

通常，与人们在工作中被对待的方式相比，人们被使用的方式似乎更能激发他们的好奇心和动力。如果人们觉得他们正在成为一个计划和项目的不可分割的一部分的时候，那他们的积极性会空前高涨。这一点也使我们充分意识到没有人愿意长期受管理者的任意摆布，如果不让他们参与到决策的过程中，没有人听取他们的意见，没有人重视他们的话，那么，这将是一个会令所有高明的管理者都不免头疼的不得不面对的局面。

3. 让员工从工作中找到乐趣

人生的本质是在寻找一种快乐的满足，职业的本质也是如此。如果能把这种满足（比如，工作上的成就感所引发的快乐）加以引导，就一定会对员工持久的热情起到惊人的效果。也只有不断受到鼓励，人们才会在一个工作的乐趣消失后，不断地探索新的工作乐趣。

4. 不同的员工用不同的鼓励方法

每一个员工的兴趣爱好和能力都不尽相同，比如有的人重视和谐的工作环境和开放的沟通渠道，有的人需要明确个人在企业中的前途和是否有充分的培训机会，还有的人非常注意自己是否有足够的隐私空间以及平和的人事安排。

职业管理者在公司内部应该营造一种浓厚的

妙语点评

如果领导都用鼓励的办法领导员工，尤其是管理有文化、有知识、有思想的员工，企业的管理水平肯定会上一个台阶。一句俗话是这样说的："你可以把马牵到河边，却不能叫马儿喝水。"如果把这句话套用在管理上，何尝不是如此。除非它自己愿意，否则马儿不会喝水，谁都不能逼迫它。鼓励员工士气的道理也一样：除非员工发自内心愿意努力，否则再多的鞭策也是枉然。

氛围：尊重他人就是尊重自己。如果一个有前途、有才干的下属有一天突然要求辞职，那绝对是一件令人遗憾的事情。但应该深刻检讨的实际上不是员工本身，关键在于那个不懂得"点燃"他的管理者。

5. 为员工设立一个合适目标

管理者们，请你们不要忘记一点：不要把目标定得太高，要符合实际。令人沮丧的是，一些人总是认为高目标可以激发人们的斗志，因为在他们看来，只有高目标才是一种挑战。然而，如果大多数人都认为这是不可能完成的任务的话，结果将是整个团队都对此失去信心。

6. 对员工要宽容

把"敢于失败"作为企业的文化理念，是职业管理者宽容和成熟的开始。因为鼓励会带来变革，而变革必然伴随着失败。如果员工因太在乎不要犯错误而求稳妥，就可能招致更大的错误发生。在工作中采取一种"敢于失败"的态度，使员工敢于正视自己的"失败"，其实是职业管理者的另类鼓励。松下幸之助有一句名言："如果你犯了一个诚实的错误，公司可以宽恕你，并把它作为一笔学费。但如果背离了公司的精神价值，就会受到严厉的批评直至被解雇。"

不能营造团队的概念

一只蚂蚁虽小，但蚁群却能吃掉一条大自己几千倍的昆虫。

"史密斯，为什么你的团队似乎比我的团队完成的工作多？"

"我不知道，你的团队真的全力以赴去完成任务了吗？"

"我们已经把每项工作所需的安排布置好，每一个员工的定位也做好了。"

"那么，你的员工都努力去完成任务了吗？"

"是的，当然，努力完成任务不正是他们要做的吗？他们知道他们应该做什么，并且他们也是那么做的，就像他们成为一个团队之前一样地忙碌地工作。"

"那还不够。每个员工都明确这个整体的任务吗？"

"这个，我觉得没有必要吧，只要每一个成员都全力以赴地做好他分内的工作就行了，否则不是增加了每个人的负担吗？"

"恰恰相反，只有每个人都明白整体的目的任务方向，在工作的过程中互相沟通、互相扶持，整个团队的工作才能正确地完成。"

上面的案例说明，这名管理者根本没有在团队成员中建立团体这个概念，每个人都是独立的个体，可能每个人都是优秀的，但是整体上却是一盘散沙。大多数员工都习惯于被监管，并且在他们个人努力的基础上被评价。即使他们被告知他们是团队的一部分，他们也仍然公司建立起一个团队组织，正是为了发挥每个员工在不必被告知应该做什么的情况下自我管理和主动工作的能力。但如果管理者仍然按传统的方式管理，那么团队机制就不会发生作用。短期内，团队成员之间会产生冲突；长期下去，如果管理者仍然不改变其做法，团队便会逐渐丧失其设立的初衷，从而使所有的努力都化为泡影。

倾向于思考个人行为。在这里，管理者的基本工作便是帮助他们将注意力从个人行为转移到整个团队的表现中去。当管理者没有帮助他们完成这一转换，或继续让他们专注于个人行为，那么就会阻碍他们形成一个有效工作的团队。

正确方法

把团队召集起来，解释一下每个团队都需要两种基本制度模式：管理模式和关系模式。

管理模式通过会议产生结果。例如，管理模式之一是所有的超过一个或一个半小时的会议都需要团队投票来表决才能决定是否应该延长时间。

不要因为管理模式听起来很好，就想当然地以为它一定会对整个团队产生好的作用。下面是一个例子：

"我想这是一个简单的制度，"维亚说，"我们会准时开会，并且，每个人必须承诺准时到达。那样的话，我们不会把时间浪费在那些迟到者身上。"

"听起来不错。"希尔说。

凯勒搔头，"等一下，我一星期要接受三四个客户的来访，没有办法预计那会需要多长时间。我认为会议要准时开是个不错的主意，但是我不能把我的客户丢下不管呀。"

"这可不行。"希尔说，"难道我们不能在早晨先开会，而你把接见客户安排在会议之后吗？"

"虽然可以这样，但这意味着我们每次都必须在会议的时间上取得一致。"

为什么我们对管理模式如此担心呢？因为如果团队成员在小事情上有与其他成员不同的见解，那么很可能导致成员间的摩擦。

一个团队必须有有效的关系模式，而且每一个团队成员都必须认同该模式。那么，关系模式如何发挥作用呢？团队中的关系模式规定一个团队规定其成员只对建议的内容作出反应，而不是针对提建议的人。例如：

"你知道，我们不能简单地规定在周三和周五下午接待来访。我们应该是服务于客户的。客户来了，而我们却不去接见他们？"凯勒说，"你是想使我们的团队走向客户的对立面呀！"

"好了，"维亚插进来，"凯勒，那句话听起来像是专门针对希尔的。希尔，你认为呢？"

"是的，我感觉也是。"希尔说。

"好的，你们赢了。"凯勒愁眉苦脸地说，

妙语点评

对每一个团队来说，整体效应都非常关键。确保每一个人都有这样的概念：我们是生活在团队中，我们的每一步工作都直接影响团队的下一个环节，我们是息息相关的，缺一不可。这样，你的团队才不会出现支离破碎的局面。

"我不是针对她的，而是针对她的建议的。让我换一种方式表达。希尔，你认为这种方法能让我们在客户中建立起良好的声誉吗？"

"谢谢。这样听起来好多了。"希尔说，"现在，让我给你解释一下我是怎么想的。"

只有在团队中的每一个成员都严格遵守和执行团队的基本制度时，团队建立基本制度的努力才不会白费。如上面的例子所表现出来的，每一个人都必须以别人可以接受的方式对别人的意见提出不同的见解。

当团队刚开始实行这种制度时，成员可能在相互表达不同见解上比较犹豫。你可能刚开始时需要介入，直到每个人都对遵守团队制度取得一致看法。但作为管理者，你应该尽快脱离出这个圈子，以便让团队成员自己去施行该制度。

不能正视员工对自己的评价

拥有成熟、包容的胸襟，才能接受不同的意见，同时广纳不同的观点。

管理事典 ————————

阿德里尼是一个特立独行的人，不太热衷参与公司职员的窃窃私语和公司决策的事情，他宁愿待在办公室里完成自己的任务。阿德里尼对事情的看法也和周围的人不尽相同，这一点让他周围的许多同事感到很不舒服。比如，他的很多想法都是经过深思熟虑的，也很合乎逻辑，不过有时在指出别人谬误的时候，会让人有点无法接受。他往往是赢了争辩，却输了友谊。但是公司管理者们还是愿意接纳阿德里尼，继续重用他，因为他的记录一向良好、工作很有成效。

有一天开早会时，阿德里尼提出一个用激进的方法来处理为客户服务的问题。他的建议起源于一个假设，这个假设又与管理阶层所认定的原则大有出入。

当阿德里尼提出他的构想时，管理者都认为这个构想太缺乏幽默感了。阿德里尼十分认真，他愈往下说，在场的人就愈觉得如坐针毡，因为阿德里尼的提案显示出了管理阶层的弱点。更令人烦躁的是，他们愈是反驳阿德里尼，就愈觉得自己处于不利的地位。

不少管理者都有一意孤行的癖好，除了自己的意见外，根本就听不进别人任何有益的进言。当别人有意见的时候，他们也常常命令别人保持沉默。质疑者很有可能被贴上"不忠"的标签，甚至被视为制造麻烦的人。

深入分析

大多数人都不喜欢承认自己的缺点，因此，指出他们的缺点会让他们变得易怒且充满敌意，这也是和阿德里尼一起开会者的共同心理。他们非但不肯诚实面对自己的短处，反而想对阿德里尼群起而攻之，把他变成所谓的"麻烦制造者"。

到底什么才是评断反对和不同意见的最佳方式？应当鼓励勇于发表不同意见甚至是反对意见的人，并注意倾听。你必须拥有一个成熟、包容的胸襟，才能接受不同的意见，同时广纳不同的观点。

一个团体要想超越每个个人的能力，争取最佳表现，领导者必须能够和下属齐头并进，以整个团体的目标为自己的工作标准，不妨碍甚至是破坏它的实现。如果有些下属很明显做不到这一点，领导者就别无选择，只能重新审视依靠这些下属是否明智。

如果员工不得不循规蹈矩，压制自己的行为、特点和人格，放弃自尊和自由，被当作"次等人"；或者规章制度完全是上层管理人员说了算，毫不考虑下属的愿望，而上层管理人员又可以倚仗权势另搞一套，那么，负面效应就不可避免了。

正确方法

1. 对挑战权威者明确层级，奠定基调

领导者一旦感到队伍中有人起了破坏作用，就必须采取行动。做出决定尽管艰难，但不可避免，此举增强了领导者的可信度，而逃避问题造成的破坏性甚至已经要超过那个挑事儿的人的坏脾气。

领导者有责任事先定好上下级关系，为工作方式定下基调，并把这些信息有效地传达给下属。对领导者的挑战多半来自于对既定的理念和上下级安排的不认可。一旦某些挑战破坏了团队的正常运转，就必须面对它、解决它。领导者如果不得不在捣蛋分子和团队精神之间作出抉择，如何取舍是显而易见的。

2. 多些宽容，开诚布公

优秀的领导人会容忍下属对自己的评价并鼓励下属说出自己的想法。如果员工意识到可以对问题进行开诚公布的讨论，他就知道，这个领导是一个优秀的领导，他们会极力支持他而不是刻意反驳。比起独断、拒斥、惩罚或者解雇，积极的、面对面的交流效果更好。你最终将看到，业绩、士气和团队精神将因此而大幅提升。

即使下属的评价不准确，一个好的领导也应该保持一种良好的心态，对下属加以训练和指导，促使他能够认识到自己的不足，尤其要让员工更好地了解他们自身和他们的工作。这可以让他们知道如何改善心态，在面对与业绩相伴而来的焦虑、屈辱和挫折时，我们更应讲究方式方法。

3. 以身作则，言出必行

信任是一种言出必行的信念，是对一种传统美德——"诚实"的恪守。领导者的行为与他口头上宣称的信念要相吻合，起码不相冲突。有效领导的基础不是卖弄聪明，而是言行合一。

4. 协调一致，及时沟通

领导者与下属之间要建立良好关系，保持价值观的协调至关重要。领导者与下属的共同价值观将大体上构成所谓的"团队文化"，也就是这个团体的处事方式。领导者与下属彼此协调一致的价值观是合理行为产生的基础。

如果领导者与下属各执一种信念，必然带来团体的"精神分裂"。

不给员工自我提高的机会

没有得到锻炼和提高的机会，你的员工永远也长不大。

管理事典

"老板，我想向你解释一下昨天给你的那份报告，我觉得自己要是懂一点统计原理或是研究方法设计的话，应该能够做得更好的。现在尽管我已经尽了最大的努力，可还是没能面面俱到。"

"没问题，露西，我刚让丽丝看了一遍，作了些调整。这工作你一年做不了几次，没有人会对你作过高要求的。你只要确定数字对得拢就行了，解释的工作就让丽丝来做吧。"

"我觉得丽丝已经很辛苦了，她总是有一大堆需要处理的文件，也许我可以帮助她，因为我觉得这样可能会更有效率。"

"不，露西，这不是我们的工作方式。照我说的去做就行了，一切都会很顺利的。"

出色的员工需要不断地提高。从某种意义上讲，员工就像花草，通过减少必要的阳光和水分来将其限制在花盆中的努力是不会成功的。花草不会保持原来的大小，而会失去生气，一蹶不振，渐渐地凋零枯萎。同样，如

深入分析

露西向你展示了她要提高工作技能的意愿。如果她已经是一个出色的员工，进一步地提高可以使她更有价值。然而，关键的问题在于，你限制了露西的提高，她将会不思进取，并且会对她已经熟练的工作失去兴趣。

果阻碍了员工的成长，他们的工作表现将不会再维持在原有水平上，只会因为关心和激励的缺乏而日益恶化。

还记得你是怎样学会骑自行车的吗？还记得你第一次自己做蛋糕、第一次做主管时的情形吗？当时你肯定经历了多次的尝试与失败，但正是因为这些经历，使你懂得了什么行得通、什么行不通。要容许员工犯错，至少是偶尔犯些错误，有两个重要的原因：

（1）当员工犯错时，他能亲眼看到行为的后果。对于自己采取的方法所带来的结果，他会有切身的体验。这样学到的经验教训，远比通过简单的口授深刻得多。

（2）犯错能使员工了解自己采用的方法的局限性。对于任何过程，都有一些特别重要的步骤。同样，有些步骤应该完全按照计划执行，而另一些步骤却可以省略或有所变通，而不会对全局造成显著的影响。但员工对此却会不甚了解，除非他有尝试的机会。

正确方法

1. 保证部门里的每一项工作至少有两个人能胜任

增加员工技能最自然的办法是让他们交叉进

妙语点评

　　防止员工犯错不仅是正确的，还是绝对必要的。但我们不能因为害怕员工犯错就不让员工去尝试新的工作或是新的做法。一个优秀管理者的做法是让他的员工不断地创新，不断地提高。

行现有工作的培训。我们都遇到过这样的情况，当某个员工有急事或非常紧迫的任务时，没有后备的力量来顶替他的工作。

2. 倾听员工上进的要求

你听到过员工这样的话吗？"我想做些更具挑战性的工作。""这些日常工作叫人有些厌倦，该找点儿新鲜事做做。"

尽可能地抓住这些机会。员工们已经掌握了什么样的技能？如果员工们掌握更高更多的技能，部门的工作是否可以得到改善？是不是只要略微提高一下工作技巧，就能占领新市场或是开展与目前工作相近的新业务？当有员工到你这儿来要求更新鲜、更有吸引力的工作时，回顾一下这些问题，然后鼓励员工们找到一条提高技能的途径，使他们成为公司的顶梁柱。

3. 知道自己何时应该介入，何时应该退出

你必须阻止试验中某些错误的发生。有时，必须尽可能地减小可能发生的损害。但员工们进行试验时，应该给予其一定的自由度，允许员工们犯一定的错误。

4. 鼓励员工之间进行公平的观念交流

可以要求员工找出低效的工作程序或步骤，组织专门小组找到解决方案，提供给其他的成员。也可以在公司的正式计划（许多人可能根本不会参加）之外另外组织部门内部的革新建议活动，甚至可以简单到让员工在例会上发表自己的见解、给你留一张便条或是一件样品，等等。

5. 使对员工的鼓励成为你的习惯

"做得好，露西。看来你真的掌握了统计的方法。""丽丝，谢谢你发现了工作报告上的这些错误，这次你可真的帮了我们大忙。"

让你手下优秀的员工知道，你关注并欣赏他们的工作，不必时时都去找新的挑战。如果人们知道自己处在一个鼓励发展的工作环境之中，他们会积极地响应的。

6. 回顾一下工作情况，找到经常发生的错误，让员工们相互学习经验教训

或许有的员工一直都做得很好，能够避免发生那些纠缠其他员工的错误。让他们与大家分享"成功的秘诀"。如果只是有两三个员工，而不是整个工作群体经常犯同样的错误，为了不使工作质量降低，就应该对这两三个人的问题加以解决。

不能随时对员工做出评价

管理者不能反应迟钝，应随时对员工的工作方式、工作成绩作出反应。

管理事典 ——————

管理者很重视年度工作评估，这是一个管理者与他的下属的一段对话：

"米丽，我注意到你准时完成了更多的项目，报告也写得更精练切题。"

"是的，我对自己的进步也很满意。"

"不过另一方面，我要求你把交上来的几个报告重新作一遍，因为我认为你没有进行充分的调研。"

"真是抱歉，不过我已经在做一些工作了。你难道不觉得我后来做得好多了吗？"

"还有另外一件事——我发现这几个星期你离开工作区好几次了。我希望你确实把时间花在了工作上。"

"这多半是为了那个改型的项目，我不会再在上面花时间了。"

"能听你这么说，我很高兴。现在我从头来看一看——把得分与扣分加起来，我想这就是你去年工作表现的得分了。这听起来很合乎情理吧？"

"……是啊，这还用说。"

那么，结果会是如何呢？米丽可能会继续作更多精练的报告，这些报告也不会有什么语法错误。她会努力把调研工作做好，但却不能肯定你会向她提供帮助。她还会继续离开工作区，不管是出于什么

> **深入分析**
>
> 再看一遍与米丽的对话，你在管理课程上可能学到的有关进行工作评估的要素都已经包括在其中了。你给了米丽充分的发言机会，并且以两个积极的表现开始评估。你客观地提出了米丽的消极表现，而且也给了她辩白的机会。最后你对她的工作表现打分，而她也接受了这一评估结果。

原因，直到你再次对此发话。她会对得到的分数感到失望，因为她认为上次评估以后自己已经有了提高。

那么，米丽的工作表现会有多少改善呢？结果是零。

（1）所有的表扬和批评都显得为时过晚，看起来就是作了一个年度评估报告而已，不能使年度评估报告发挥应有的作用。

（2）米丽需要提高和能够提高的地方在哪里？管理者没有给出一个明确的指示。

（3）对米丽的表扬和批评都很平淡，容易给她造成一种事情只是这样而已的感觉，她会在下一年的工作中对你多提出的问题显出非常漠视的态度。

正确方法：

要想让员工在原有的层次上有所提高，并且不会在工作中重复出现类似的错误，管理者就应该接纳以下几条意见。

1. 看到好的表现时，应该当场予以肯定

等到评估时间到来后再告诉某人他做了件出色的工作是不管用的。员工们得到的并不是单纯的表扬，他们得到的是一种受鼓舞的信息。

2. 一有不良表现出现，就当场予以处理

如果你对米丽离开工作区的次数太多怀有疑问，那么在当时就应该对她提出质疑。你和米丽都应该清楚地知道问题所在，知道她在克服这些问题上有何进展。

妙语点评

员工的优秀程度与他们给自己的评分之间往往会有一种负相关。真正优秀的员工对自己的要求很高，他们对所取得的成绩与自己的理想之间的差距看得很清楚。而平庸的员工则相反，他们目标不高，视野不宽，只知道自己干得很累才取得了现在的成就。这样，先进的员工可能会把给自己的评分打得比平庸的员工还要低。这并不是说自我评估不可取，而是说应该对结果做一平衡，使之能够准确反映你所见到的业绩。

175

3. 重视具有普遍性的错误

对于某一员工在工作中的错误，如果也非常有可能在其他员工的工作中出现，或者已经在别人的工作中出现，那么，就要重视这种错误，也要让你的员工重视这种错误，及时地避免这种错误重复发生，造成不必要的工作浪费。

4. 将年度评估视为对你与员工们都已经知道了的工作情况的简明回顾，为员工打一个恰当的分数，并以此作为一个新的起点

一次恰当的工作评价就应该像下面这样说：

"好吧，米丽，该轮到你作年度工作评估了。我认为过去的一年里，你作出很多有价值的贡献。不过，仍旧有一些问题存在，你同意吗？据我所知，你已经完全克服了报告中的不当之处，你的调研工作也做得比以前好多了。你是这样看的吗？"

"是的，"米丽答道，"我一直在改善我的调研工作，在下一个报告中你会看到成果的。"

"好极了！这样，去年你得到了一个中上的分数。今年你当然有了不少的提高，但我有个问题。你认为自己的工作表现已经提高到足以获得优秀了吗？"

米丽想了想，然后摇摇头："如果你想给我一个优秀，那就给吧，可我觉得自己还应该把调研工作做得更好，才有资格得到优秀。还是给我中上的评分吧，不过如果明年我的调研工作有所提高的话，我希望能得到一个优秀。"她咧嘴一笑，站起身来，向管理者伸出了手。

最后还有一点需要引起注意。许多组织采用全方位的评估手段——在这些组织里，员工要由上司、同僚以及下级来评分。很难说这是不是一种改进，但你必须了解这些评分的性质。

不能相互信任

信任是合作的开始，也是企业管理的基石。

管理事典

比尔正在他的办公室里和几名员工进行谈话，他们这次的工作没有很好地完成，造成了公司的直接损失。

"罗伊，能说一说是什么原因吗？"

"是这样，我认为史密斯不适合在那个位置上，我知道他的能力不行，所以我只能将他的那一部分工作也考虑进去。"

"不，老板，恰恰相反，我认为我的工作做得都很到位，只是罗伊不能和我很好地配合，使我有些手忙脚乱。"

信任，对于一个团队具有哪些重要的作用呢？

（1）信任能使人处于互相包容、互相帮助的人际氛围中，易于形成团队精神以及积极热情的情感。

（2）信任能使每个人都感觉到自己对他人的价值和他人对自己的意义，满足个人的精神需求。

（3）信任能有效地提高合作水平及和谐程度，进而促进工作的顺利开展。

尽管信任对于一个团队具有化腐朽为神奇的力量，但实际上很多

> **深入分析**
>
> 信任是一种复杂的社会与心理现象。一个不能相互信任的团队，是一支没有凝聚力的团队，是一支没有战斗力的团队。

没有信任的团队是非常可怕的，相互的猜疑、嫉妒像蛀虫一样蚕食、瓦解着你的团队，让你的团队千疮百孔。团队是一个大家庭，如果把管理者比喻成人的大脑的话，那么你的其他员工就是人的五官，如果彼此不信任，互相排挤、挖苦，那么这颗头颅也该解体了。提高员工之间的信任度，需要一个企业的管理者去做工作，以此来系统整合企业的资源配置机制，从而提高企业的核心竞争力。

企业都处于一种内部的信任危机当中。比如，没有凝聚力、上司在下属面前没有威信、人心不稳、员工工作没有积极性等，企业犹如处于一个随时都可能爆发的火山口上。

正确方法

那么，如何才能化解来自企业内部的信任危机，从而众志成城，提高工作效率和效益呢？

1. 加强文化的融合

只有员工发自内心地认同了企业的文化，才会真正做到心往一处想，力往一处使。就像一艘航行在茫茫大海的船只，如果水手们都是各自向着自己的方向，那么能够风雨同舟吗？要加强员工对不同文化的融合能力，促进不同文化背景的员工之间的理解，就必须根据客观环境与企业的战略发展要求，建立起企业强有力的独特文化及理念，使员工达成对企业文化的共识，形成共同的价值观。只有这样，信任才会有坚实的平台。

2. 有效的沟通

有效的沟通有利于明确企业的战略意图和发展目标，有利于员工之间的相互了解、交流，结成伙伴关系。有效的沟通是组织运行与发展的前提。如果把组织比作一辆汽车，那么有效的沟通则是优质的润滑油。没有润滑油的车辆，只会有一个结果——抛锚。要真正进行有效的沟通，首先必须建立科学的决策机制，在做出重大决策时，集思广益，虚心听取各方面的意见；另外要鼓励创新，鼓励员工提出合理化建议，不片面要求下级无条件服从上级，从而充分调动其主观能动性。

3.合理的授权

事必躬亲导致的结果一是效率低下，二是团队失去工作的主动性和积极性。因此，必须通过合理授权，使团队成员有充分发挥自己能力的平台。在必要的指导和监督下，用人不疑、疑人不用，赋予下属相应的责权，鼓励其独立完成工作。

4.不任人唯亲

企业管理者必须做到任人唯贤，能者上、庸者下，绝不任人唯亲。任人唯亲是团队信任的毒药。任人唯亲是指对有共同经历、相互熟悉或有特殊关系的人盲目信任并加以重用。任人唯亲会严重危害企业的发展。表现在4个方面：阻止了优秀人才的加盟，不利于企业素质的提高；使经营者大权独揽，独断专行，顾此失彼；导致员工不思进取，缺乏创新和忧患意识；导致企业内部争权夺利，缺乏凝聚力。

5.规范考核和激励体系

在考核和激励上公平、公正、公开，才能赢得人心。如果一个公司到了"说话的不如做事的，站着的不如睡着的"的地步，肯定它已经山穷水尽，离"大厦将倾"的日子已经不远了。

6.掌握人员去留的艺术

为了加强员工对企业的信任，使员工对自身工作具有安全感，就必须建立清晰的标准来衡量谁去谁留的问题，在人员去留之前、之中、之后，做到透明和坦率，从而大大减弱员工的疑虑与恐慌。

7. 有吸引力的薪资

没有合理的回报，空谈信任是不现实的。因为薪资是对员工价值的一种认可形式，也是公司对员工是否信任的重要表现形式。

8. 信守承诺，敢于承担责任

要正确认识自己的错误和失误，勇敢地承担个人责任，不要文过饰非，互相推诿。如果打了一场败仗，就把责任推给下属，还有人听你的号令去冲锋陷阵吗？同时，作为一个管理者，必须言必信，信必行，行必果，否则就会失去拥戴。当奖则奖，当罚则罚，切不可朝令夕改。

9. 有一颗宽容之心

要真正营造信任的氛围，就应当有宽容员工的失误和失败的魄力。在美国的 3M 公司有一句著名的格言："为了发现王子，你必须与无数个青蛙接吻。""接吻青蛙"意味着失败，但失败往往是创新的开始。当然，宽容失败并不是放任自流、为所欲为，而是激发员工们的挑战精神和战胜困难的勇气。

10. 既有情感的信任，也有制度的信任

管理专家认为，情感的信任是低端的，高端是根据契约的关系形成的信任。人和人之间毕竟是有感情的，无论是制度框架下还是其他形式下的信任，离不开感情这个因素。但是必须最大限度地把情感与制度分开来，从而推动整个企业健康有序地发展。

团队合作意愿减弱

团队合作意愿是一个团队长久存在并持续发展的关键。

管理事典 —————

这是一家人才素质要求较高的公司。1999年，有一个博士生不满足于现状，于是召集两个硕士生，他们决定一起设计属于他们自己的未来，创造属于他们自己的事业。他们共同辞掉了各自的工作，一起筹办起了一家公司。在公司中，博士生作为召集人也成了主要领导者。公司的创业是艰难而又充满乐趣的，在这个阶段，大家是以一种共同创业的精神来合作的，这就需要每一个人都把公司当作自己的事业来对待。

在公司成立后的半年左右，企业业绩开始呈现出快速的增长态势，但是就在这个时候，矛盾开始出现了。除了关于企业发展战略方向的问题外，利益分配问题开始影响彼此的合作。其余两人开始觉得自己的付出和回报并不对等，虽然和他们原来公司的收入相比，每个人的收入都有了很大幅度的提高。

但是，正如其中一位所说，他们需要彼此的平等。一位副总认为自己在创业中的付出和贡献是最大的，但是没有得到应有的回报；而另一位则认为自己的能力是最强的。总之，原来非常融洽的合作气氛开始逐渐丧失。在2000年4月，其中一位终于脱离了公司，准备寻找新的合伙人以创办属于他个人的事业。而另外一位在2001年初被一家猎头公司看中，"跳槽"进入了一家外资企业。

总体上，组织团队合作意愿降低的主要原因包括以下几个方面：

1. 团队"合作规则"与"灵活性"的矛盾

团队的领导者希望每一名团队成员遵循团队规则，但是，团队的外部环境决定其必须具有高度灵活性和适应性，否则团队就会变得僵化。团队成员差异较大，其动机、态度和个性难以一致是一种客观事实。在运作过程中，团队领导和成员的"搭便车"心理和矛盾冲突使注意力内敛，使团队对外边信息反应速度减慢；团队成员只有在达成一致后，才能使组织具有对外部环境变化的反应能力，这也延缓影响外部环境的能力。

2. 缺乏一种有效的机制

这使得团队领导者过分强调自己习惯的"团队规则"而忽视了其他团队成员的需求，导致团队危机的产生，而在"团队规则"和团队灵活性之间保持平衡对团队领导者提出了更高的挑战。他必须学会把握什么是最关键的，干预过多，甚至担心下属超过自己的想法破坏了许多本来很优秀的团队。尤其是团队领导者对自己的定位出现错误时，这种问题更加突出。有些团队领导者和下属比业务，例如和人力资源部管理者比人事管理、和财务部管理者比资金管理、和总工比生产技术等，导致了他对关键问题的失控。把握关键，保持对下属的充分尊重，给予团队成员充分的灵活性与施展空间，是留住团队精英的重要条件。

3. 团队或者说组织的目标没有能够达成共识，形成共同的愿景

每一位个体都有个人的目标，而组织本身也有它的发展目标，只有在彼此目标一致的情况下，团队的合作和士气才能达到最佳状态。团队成员参与决策和执行，往往因为信息不对称，成员价值观和个人利益角度的不同，使目标被肢解，最终丧失功能。实际上，很多企业内部目标不能达成共识的原因不是由于彼此目标真的不一致，而是缺乏一种有效的沟通机制。当团队或者组织逐渐走向"成熟"以后，每个个体自己的"行为模式"开始产生影响，而在这个时候，正是需要企业采取措施巩固和强化"目标共识"的时候，可悲的是，很多企业这一工作做得太晚了。

正确方法

分析上面的案例，我们得出，作为管理者在团队建设中应该注意以下几个方面的问题：

1. 有效激励

这就要求管理者把握原则，设计出有效的激励条件。比如在一家企业中，由于新产品的推出，需要原来的一部分销售人员做新产品的销售。那么，这个市场总监首先要考虑的一点是：新产品给予的提成是不是和老产品相当？需要付出的努力与老产品相比是不是匹配？否则的话，很难产生有效的销售行为。

2. 上知下行

团队管理者应该经常与你的团队同事交谈，要保证他们乐于从事正在干的事情。注意发现他们对正在干的事情有没有什么疑问，要告

在设计团队管理政策之前，必须要明确企业的战略。在此基础上，明确组织或者说团队每一部分、每一成员在企业价值贡献中的关键作用和责任，设计出领导者应该把握的关键因素，并清晰地为团队每一位成员包括领导者正确定位，针对管理者与普通员工设计不同的管理政策。管理者与普通员工在工作性质、个人期望等方面具有很大差异，企业在设计团队内部管理制度时必须充分考虑这一差异。

诉他们为什么要那么干，给他们一个解释。如果他们有情绪，赶紧采取有关安抚措施。但是，对于团队成员要给予他们充分的施展空间，针对不同层次的团队成员例如管理者和一般员工设计不同的"规则"。事实上，很多企业在涉及企业制度时，让一些骨干产生了"手脚"被捆住的感觉，于是，他们开始寻找能够施展自己才华的公司。

3. 分清领导者意愿和团队规则的界限

如果在团队优先处理的事情或你所进行的分析方面你总是过多考虑自己的意愿，你的团队很快就会被搞糊涂，而且士气会低落下来。搞清楚你的目的，尽量保持方向。当你认为改变团队规则非常必要时，那就向你的团队说清楚，向他们解释原因，让人们参与，至少让人明白你的思考过程。最重要的是，让团队成员看到改变团队规则后的未来。

4. 让你的团队明白为什么他们要干正在干的事情

人们总希望有这样一种感觉，那就是他们正在干的事情会对客户有所裨益。没有比你和你的团队领导觉得正在干的事情毫无价值更让人士气低落的事了。不应该让你的团队的任何一个人有这样的感觉："我耗费了两个星期的生命，什么也没创造。"实际上，这种工作往往要求领导者具有很高的素质，必要的时候，他应该咨询外部专家：什么是最有价值的活动？实现我们这个企业的价值，每个部门、每个岗位关键的价值贡献是什么？把握这一关键，引导他们，相信他们，关注他们。

5. 尊重并信任团队同事

没有任何借口可以让你不以尊重待人，这是完全非职业的做法。尊重不仅仅意味着礼貌。它意味着也许你的团队成员会有跟你不一样的优先考虑，而且他们在工作之外还有生活；或许你喜欢工作到半夜，但你的团队成员也许有更多的事情要做。尊重还意味着不要求别人做你自己不愿意做或没有做过的事情，所谓"己所不欲，勿施于人"。作为一个普通员工，当自己在办公室加班时，如果自己的上司也在"共同作战"，感觉要好得多。而对团队成员的信任也非常关键，有一些新公司对团队成员不信任，担心员工掌握企业的关键技能后离开公司，总是考虑员工该为公司做什么，而无意识或者有意识地忽略了公司应该给员工什么。

第六章

在管理方式上
可能犯的错误

权力抓得过紧

抓大事，不问琐事。

管理事典 ————————

以下是两位管理者之间的对话：

"如果随便把工作授权给别人，他能够符合我的标准吗？"

"我看可以。"

"未必！而且，工作的速度也没我快，计划也不像我这样确定。而且，如果充分授权的话，对方万一表现得比我还好该怎么办？搞不好有一天我会被'做'掉了。"

"但是，你有没有想过，如果你把一些例行性的工作移交给别人，你是不是有更多的时间去做一些更有价值的工作（如思考如何改进整个组织的生产力及品质）？有'接班人'你才有机会更上一层楼。"

"如果我放弃我的责任，那我不就什么事都没得做了？"

"要知道有所'舍'才有所'得'，如果你老是握住旧有的东西不放，那又如何能做更有价值、更富创造力的工作呢？"

"我实在没有时间去教别人！"

"要知道你训练别人的时间越少，就越表示你一定得花更多的时间去做它，说不定这只是你的借口而已！而真正的原因却只是前3项中的一项。"

"没有适合的人选！"

以下是一段管理者和员工的对话：

"老板，恕我冒昧打扰你一下。我听说你一直忙得喘不过气来，不晓得能不能替你分担一下忧愁？"

"你是怎么啦？嫌日子太好过？"

"哦，你误会了。我只是说从我到公司以来，所做的工作几乎都是千篇一律的例行公事，觉得实在是挺烦闷的。"

"烦闷？你以为公司付钱给你是做什么的？"

"我晓得，我只是想换换口味而已。比如……你手边的每月生产量统计表就可以考虑交给我来做，让你自己也轻松点嘛。"

"轻松？哼，说得比唱得还好听。"老板以相当不耐烦的口吻说，"我哪有这个闲工夫去教你做统计表？等你做完之后说不定错误百出，我还得费神去一一检查。算了，还是自己来比较省事些。"

通过上面这两个实例，我们可以看出一个死死抓权不放的人，最终会把他的好员工一个个逼走，从而影响自己工作的进展。

深入分析

这是管理者不想授权的最大理由，但这并不表示没有合适的人选，或许是有而被你疏忽了，或许是你本身也太忙了，也或许是对方并无意接受这种安排。但是，如果愿意，而且愿意付出的话，这些都不是理由，也一定可以克服，唯一的可能是你自己并不希望授权给别人。到底你怕什么？怕犯错吗？要知道一个组织不犯错的话，那就永远没有成长的机会。如果没有真正合适的人选时，你就要考虑再招募新人了。

授权实质上是将权力分派给其他人以完成特定活动的过程，它允许下属做出决策，也就是说，将决策的权力从组织中的一个层级移交至另一个层级，即由组织中较高的层级向较低的层级转移或转交。

许多组织压抑了它的员工们的才能与创造力，把员工当作不会思考的机器。授权式的管理革新则带来了多重的收获：组织效率的提高和员工的发展。

授权带给现代组织的是一种全方位的转变，已成为一股不可阻挡的潮流。

一个聪明的管理者要善于授权，只有这样，你和下属才可以互得其利，从而缔造一个"双赢"的局面。

授权，是决策权的下移。管理者同下属拟定目标之后，任由下属选择到达的途径，即制订决策。虽然这种决策权是严格限定的，但在限定的范围内，一个合格的授权者要给予下属充分的决策权，而不要实施干涉。

正确方法

作为一种管理技能的授权，同样是科学和艺术的结合，其中既包含着能用科学概括、归纳和总结的东西，又有只能依赖于感性思维去把握的内容。

1. 有目的的授权

只有目标明确的授权，才能使下属明确自己所承担的责任，盲目授权必然带来混乱不清。

2. 因事设人，视能授权

管理者要根据待完成的工作来选人。虽然一个高明的组织者将主授权，最简约的表达是"让别人去做原来属于自己的事情"。授权艺术的全部内涵和奥妙在于，做什么、让谁做、怎么做到最好。授权不会凭我们的幻觉而产生；对于授权的采纳与否不会是一个"喜欢不喜欢"的简单而任意的抉择；授权的趋势是由一系列的管理环境变革而导致的。在某种意义上，授权的必要性意味着，如果你谋求出色的管理，授权是你或早或迟要面对的一个必然问题。

要从所要完成的任务着眼来考虑授权，但在最后的分析中，人员配备作为授权系统至关重要的一部分，是不能被忽视的。被授权者的才能大小及知识水平高低、结构合理性是授予权力的依据，一旦管理者发现授予下属职权而下属不能承担职责时，管理者应明智地及时收回职权。

3. 无交叉授权

在现代组织中，即使是一个小的公司，也会有多个部门，各部门都有相应的权利和义务，管理者在授权时，不可交叉委托权力，那样会导致部门间的冲突，甚至会造成内耗，形成不必要的浪费。

4. 权责相应的授权

权与责应保持对应、对等的关系。

5. 逐级授权

授权应在直接上级同其直接下属之间进行，不可越级授权。

6. 适度授权

授予的职权是上级职权的一部分，而不是全部，对下属来说，这是他完成任务所必需的。授权过度等于放弃权力，客观合理的度要以工作所需为界。管理者们应该清楚，某些权责是需要保留在自己手中的，必须亲身为之，这主要指涉及有关组织全局的问题以及对授权的控制等。

7. 充分交流的授权

科学合理的授权不应造成上下级关系的隔断，这就是说，上下级之间的信息应该流通顺畅，要使下级获得用以决策的所有信息。

8. 信任原则

授权，必须以主管人员和下属之间相互信任的关系为基础，一旦你已经决定把职权授予下属就应该对其信任，不得处处干预其决定；而下属在接受职权之后，也必须尽可能做好分内的工作，不必再事事向主管请示。从另一种角度看，即"用人不疑，疑人不用"的现代版，不同的是，授权所基于的不再是帝王将相的谋术，而是人本管理的现代理念。

9. 有效控制的授权

授权不是撒手不管，撒手不管的结果必然是局面失控，而失控会抵消授权的积极作用，后果是不堪设想的。所以，既要授权，又要避免失控；既要调动下属的积极性和创造性，又要保证领导者对工作的有效控制，就成为授权工作中必须遵守的一条原则。

10. 有效授权的及时奖励

管理者在授权中的责任，不仅是授权的实施，他还有责任为授权行为不断地注入动力，这种动力有两种，一种来自外部，另一种来自内部，后者更具有经济性和便利性。

提供内部动力的一种重要方法是对有给予及时的奖励。奖金之外，授予下属更大的自由处理权，提高他们的威信——无论是在原职位还是提升到更高层次的职位上——往往有更大的激励作用。这种有效的奖励，将会使授权本身产生推动的力量，使你的授权达到新的境界。

任由员工将有挑战性的工作推给自己

给员工挑战的机会，就是给自己团队提升的机会。

管理事典 ——————————

"好了，大家都清楚自己的工作了吧？"

"老板，没错，但是由谁来把报告整合起来，最后定稿呢？"

"由杰克来做，怎么样？"

"可是我并不比你熟悉，我可能不能很好地完成。"

"那么詹妮丝怎么样呢？"

"我也不行，这个难度很大，我承担不了。"

"珠丽，你来做吧，这是整个项目唯一有意思的工作。"

"不，我从来没有做过。"

"那么好吧，我自己来做。我对这项工作比任何人都熟悉，比别人做得都要快。"

老板接下了这份工作，可是他的下属并不买他的账。

"是啊，他说得好听，叫我们来做，其实正在沾沾自喜——我们没有人有能力做这个！"

不管将最有意思的工作留在手中的原因到底是什么，至少从几个方面来说，这是一种错误：主管的工作是在员工中对所有的工作进行分配。如果不是这样，你实际上只是工作小组的头儿，或者说是一个资深的员工而已。就像案例那样，这使主管陷入与手下的竞争之中。

无论何时何地，主管都不可以同自己所管理的人员发生竞争。

1. 你阻碍了员工的学习

能干、有上进心的员工总是希望有机会学习，他们想提高自己的技能，而如果没有机会做一项与以前不同的、更加困难、更

深入分析

　　主管能力很高固然不错，但同时也造成了一种致命的诱惑——不愿分工，事必躬亲。大多数主管都知道应该将大部分的工作分配给手下去做；如果他们不这样做的话，工作就不能完成。这时，诱惑就转变成不愿将最具挑战性、最有意思的这部分工作分配下去。

具挑战性的工作的话，就做不到这一点。你把真正有意思的工作留在自己手中，这意味着你拒绝了他们学习新技能的要求，你降低了他们的进取心。有的人会听天由命，成为一个规矩的、平庸的工作人员。而真正出色的员工则会寻求到其他地方工作的机会。不管出现哪种情况，你、你管理的群体以及你所在的组织都失败了。

2. 应该履行管理的职能时却为技术性的工作所羁绊

下面是几个例子：

你希望员工们能独立工作，但同时也需要对新手进行培训，并帮助遇到问题的员工。如果你正埋头做一个项目，又怎么来再做这些工作呢？

假使你的上司有一个迫切的项目，你对之非常感兴趣。如果这时你正在做另一个项目，而你却没有提前将任何一个员工培养到做这个项目的水平。你只有两个选择：放弃自己的项目而改做上司的项目；继续做自己的项目，而将上司这个高水平的项目让给别人去做。你喜欢哪个选择呢？

如果你接手了一个工作群体，它以前的头儿一直把最有挑战性的工作留给自己，那该怎么办？这时，你会遇到双重的问题。首先，员工们不知道怎样做具有挑战性的工作。其次，他们会把这些工作看作"头儿的工作"，当你想把工作分配给他们时，他们会对你产生不满。怎样改变这种状况呢？这需要耐心。

正确方法

如果你一直都在犯这种错误，即一直把最具挑战性、最有意思的工作留给自己，那么可以确定，你没有一个手下会有能力做这项工作。你不能突然将任务分配下去，希望员工们能够将其完成而无须你的帮助。你应该在下面两种方法中选取一种：

（1）你可以将一个任务分成几个独立的部分，在做下一步工作前，要先确定已完成的部分是正确的。

（2）你也可以要求一两个手下和你一起工作。你对工作进行总体上的监管，但尽可能地将具体任务分配给帮助你工作的员工。不要仅仅把最容易的工作交给他们去做，要将你认为他们能够做好的难度最大的工作交给他们。

同时牢记，无论你做什么，你的目标都是对工作群体进行锻炼，使他们在你很少在场甚至不在场的情况下都能够完成最有挑战性的工作。

训练员工独当一面。

（1）让所有的员工，包括刚刚加入这一群体的新人都明白，你希望他们达到能够独立完成最艰巨的工作的水平。

（2）必须创造一个相互信任的学习环境。可以把重复的错误视为工作表现有问题。但第一次犯错总归是一个学习的机会，没有人应该为此遭到批评。

（3）牢记：不管你尽了多大的力去锻炼所有的人，员工们的能力总会有所差别。在某项工作上，一些员工能比另一些做得更好，比如，有人精通计算，而有人文笔很好。你要做的是提高每一个员工的水平，而不是逼迫他们做并不擅长的事（或者是因为不擅长而不感兴趣的事）。

提拔中出错

合理提拔人才，让你的人才库得到不断充实。

管理事典 ————————

美国西海岸某大集团公司下属的一家宾馆，集团公司老总聘请了一位24岁的大学毕业生杰西卡担任宾馆老总，原来的4位正副管理者都做了副手。本意是破格提拔人才，这位女士也确有才华、有能力、有干劲，但4位副手并不买账。杰西卡孤掌难鸣，工作打不开局面，总管理者一怒之下将4位全部免职。杰西卡自感待不下去了，自己联系调往另一家宾馆任部门主管。

深入分析

不提拔下属是不对的，光提拔下属也是不对的。用将者必用其才，无才不能成为将。企业主管一定要牢记这一点，注意不要让自己在提拔中出错。

论资排辈选拔干部，只会压制人才，鼓励"阿混"。然而，随便打破干部提升的常规，提拔的人过多，升迁速度过快，亦有弊端：

1. 不利于人才的锻炼成长

有的人因升迁太快，没有足够的积累知识和经验的时间。

2. 无从考察业绩

张居正用"器必试而后知其利钝，马必驾而后知其驽良"来说明人应该"试之以事，任之以事，更考其成"。考察干部的德、能、勤、绩，以业绩为主。如果升迁太快，则无从考察。

3. 不利于工作

"打一枪换一个地方"，来不及施政就升迁，还能有长远打算吗？其事业心、责任心能不受影响吗？

4. 刺激官欲，助长职务上的攀比之风

有的人，有心当官，无心干事，这山望着那山高，在一个台阶上还没有站稳，就想"挪挪窝"，甚至厚着脸皮伸手要官。要避免这种状况，就要严格控制超前升迁。

5. 造成员工之间的矛盾

升迁太快，对工作、对本人都没有好处。要有适当的过渡培养阶段，不要破坏管理的基本原则——逐级晋升的原则。任何被大家视为上级特别厚爱的人，都容易招致大家的嫉妒、不满，甚至心理失衡，影响大家的士气，应当尽量避免。因此，晋升职务最好不要超过一个级层，尽量不越级提升。

正确方法

1.让那些真正有经验的人得到提拔

不论这个人多有才能，要成为一名高级管理人员，必须要经历相当的时间，有协调沟通各类人际关系的熟练技巧，有处理应付各种复杂问题的知识、能力。晋升太快肯定缺少这些技巧、能力，难免顾此失彼，并不利于本人成长。

2.让被提拔人适合他所应当承担的责任

也就是能够胜任他将要开始的工作，而不是看他以前的工作怎么样。即使他是一个非常优秀的销售员，他也不一定做得了销售经理。

3.让那些你不能提升的人才以重用

管理者可以先重用人才，同时让其明白，虽然他是很有才能的，然而在一个组织内，任何晋升都必须等待适当的时机。

4.要采取一系列过渡措施

让人才有相当程度的曝光，让他能够经得起各种考验。提高人才的威信和知名度，比如指派他完成公司最为艰巨的任务，让其展示才能，在公司各种会议上扮演重要的角色等。

5.该提拔时不要犹豫

提拔太快固然会产生不良的影响，太慢则可能导致人才流失而造成损失。

妙语点评

良才是企业的核心竞争力的第一保证。每个管理者都希望自己的团队是一个最优良的团队，都在为提高自己团队的工作效率而努力。提拔人才也是其中一个很有效的方式。要做到人尽其才就要学会提拔的技巧，应当提拔时再提拔，不要让你的提拔适得其反。

6. 破格提拔要掌握火候

要把握住破格提拔的"度"，不可由一个极端走向另一个极端。升迁之道，乃办公室秘法，需要企业主管耐心琢磨。

重视元老，忽视新生力量

评价员工应凭现在的工作能力而不是资历。

管理事典 —————————

史密斯最近头痛得不得了，不是因为业务萧条，也不是因为客户拖欠资金，而是他最看重的威尔把"火"烧到了他的身上。

威尔的职位是媒介总监，于 2002 年春进入史密斯的公司。当时公司刚成立，只有两个客户，月收入不到 3 万，在执行力、经营上极其匮弱。就在史密斯心焦如焚的时候，威尔敲开了公司的大门。威尔虽然没有这个行业的工作经验，但是非常聪明好学。威尔果然没有让史密斯失望。两个月后，公司的媒介能力开始上升，客户增多。史密斯很快把威尔提升为媒介总监，威尔的薪水增加了两倍有余。

随着公司的职工从 5 个增加到 20 个，客户从 2 个增加到 10 个，月收入从 3 万增加到 50 万，威尔开始感到焦躁。他找到老板史密斯，提出自己应该得到公司至少 20% 的股份。老板史密斯不否认威尔对公司的贡献，也打算在威尔任职满 3 年的时候给予他股份。由于威尔的工作时间还不到两年，而且工作能力明显没有及时跟上公司的发展，也没有以往投入，史密斯没有马上拒绝威尔的要求，而是以和其他股东商量为由，请威尔先安心工作。

威尔等了半年，史密斯的回答还是同样的言辞。威尔终于心生怨恨，觉得老板在捉弄他。虽然史密斯的态度依旧如常：比如，在旅游时带上威尔和他的家人，经常送给他一些诸如笔记本电脑之类的贵重物品，但是威尔认为，这些"关心"只是诱饵。威尔在不平衡和埋怨里摇摆了一个月后，决定报复。

威尔是很有心计的人，虽然媒介部有 10 多个人，但 80% 的权力被他牢牢地握在掌心。一旦他发现某人的能力即将对他构成威胁，就千方百计地把对方赶走。不知情的史密斯依然把威尔当成少有的人才，对他更为珍惜和关怀。其他员工虽知内情，但是碍于史密斯的偏袒，一直敢怒不敢言。

直到公司的副总、策划总监都交了辞呈，分别去了史密斯公司的竞争对手那里就职，老板史密斯才看出他们另有隐情。他在下了一番功夫后，终于从已经辞职的原秘书那里得知真相——威尔频繁地无事生非，由于史密斯总是偏袒威尔，员工失望之余选择了离开。

很明显，此公司的人力资源体系是不成熟的，因为他们没有人才的更新，也没有人才继位计划或者员工培养计划。出现了这种情况，可以说是人力资源部的工作失职。

诚然，元老们为公司立下过汗马

深入分析

从这个典型的案例可以看出，老板史密斯之所以陷入困境，是因为他在用人上犯了原则性的错误：重视元老，忽视新生力量。

功劳，他们的贡献是不可磨灭的，但是一味将这些元老放在重要的位置，可能会出现很多问题。

（1）元老们往往缺乏创意。虽然他们有丰富的经验，可以使工作依照原有的方向一成不变地走下去，但是当面对突发事件或者面临新的竞争对手时，常常不会有任何改变，也就无法应付，致使企业在发展中受挫，从此停滞不前。

那些创业初始和老板一同跨马平天下的人，打拼 N 年获得成功后，很多都难从创业初期的管理模式中转换过来。那时候，他们与老板之间称兄道弟，而作为一个小团队领袖的老板，也乐于生活在人群当中以增强团体的凝聚力。但此一时彼一时，成功后的老板在后面正襟危坐时，一切已上正轨，他的公司已从人治步入法治。

（2）新员工们无法凸显自己的才能。那些老员工们在他们的前面阻塞视听，一些很有才华的人无法发挥自己的优势，造成了人才的不必要损失。

（3）一旦管理者准备对这些老员工下手，可能会招致这些人的不满、牢骚甚至报复，阻碍管理者用新人代替他们。

正确方法

1. 选择高层的标准要准确

德才兼备、人格健全是最基本的选才标准。其中，尤其要强调"德"这一要素。无才无德是庸人，有德无才是好人，有才无德是小人，德才兼备是贤人。老板所需要的是德才兼备的贤人，"德"排在首位，才华次之。

老板的收入和员工们永远不可能相等，这也是老板和员工对立的根本原因。在面对老板的个人财富时，一个德才兼备的员工，除了羡慕还有理智。他会理智地思考：老板是怎样走向成功的？是如何维持的？又是如何计划明天的？自己是否具备做一个老板所必需的背景、门路、资金、才华等因素？

德才兼备的员工会冷静下来，投入工作、充实自己；同时寻找、准备通往成功的桥梁。而才大于德的员工，很难静下心来考虑这些问题，他只看见了老板和自己在收入上的不平等，继而产生报复的心理。

2. 对全体员工一视同仁，不要让某些元老受专宠

所谓独木难成林，公司业绩有了好转，是所有人努力的结果。老板史密斯只看到了威尔的工作能力，忽略了别人。其实，没有其他部门的配合，仅凭威尔一个人的力量怎么可能成功？策划和媒介是公关公司的左膀右臂，老板史密斯却只注意到了威尔的功劳。

这样，史密斯给自己设立了3个陷阱：埋下了威尔居功自傲的祸根；让其他出了力又得不到肯定的员工们心怀不满；老板对某个人过分"专宠"，让别的员工以为此人就是老板的心腹，进而事事设防，生怕此人"告密"。假如这个人的性格像威尔那样极端自私，没有容人的度量，那

妙语点评

合理的管理制度既有严肃性也有人性化的一面，将两者结合起来，才是优秀的管理。一个成功的管理者，必然是恩威并用。在对待老员工上，这样的原则依然适用，因为任何人都无法阻止历史的发展，既然历史在不断地发展，那么，如果老员工的能力跟不上企业的需要，管理者就要重新对其作出裁决。

么对其他员工来说，此人比老板更让他们畏惧。时间长了，这些和威尔同样为公司出了力、却被老板冷落、再被威尔排斥的人自然心灰意懒，不得不离开。

3. 赏罚分明

老板史密斯对威尔施恩太多，或者说史密斯几乎把应该给其他员工的"恩"全部给了威尔。威尔虽然是个人才，但是一旦人才故意犯错，也不应继续偏袒下去。俗话说，无规矩不成方圆。但是老板史密斯面对故意惹是生非的威尔，非但不劝诫、警告，还处处袒护，为他开脱，使得威尔更加有恃无恐。造成史密斯困境的原因，除了威尔个人品德的问题，老板史密斯自身也有不可推卸的责任。

不能控制自己的情绪

管理者不要让自己成为晴雨表，要有一个稳重的形象。

管理事典 —————————

怀中寺是个很有主见的销售管理者，他比较乐于和那种通晓世道、和大伙儿都打成一片的人打交道，而不喜欢那种趾高气扬的人。他觉得成功的秘诀就是辛勤地工作。他对人的看法很有见地，而且性格直爽，疾恶如仇。在工作中，他经常有感觉压抑或心情忽好忽坏的时候，他的员工们也能经常看到他情绪不好的一面。他的事业非常成功，也能一一克服困难，可是在沮丧的时候，他总是不能控制自己而向员工发脾气。

就像平常会发生的事一样，怀中寺晋升为高层管理人员了。但他能晋升多半是因为良好的销售能力，而不是管理上的能力。在主持销售会议时，他常会发表自己的偏见："不要浪费时间拜访那些职位比老板低的人。"那天的销售会议中，他将对顾客隐藏起来的情绪全表现在报告中和同事们面前，而他还奇怪为什么那天每个人的情绪都那么低落。

可以预料的是，他的下属开始失去动力。有一天，公司的副总裁叫他到办公室，指出他对周围人的巨大影响力。副总裁建议怀中寺，将他的员工也当作顾客一般对待；他们需要他销售的一种特殊商品——积极的态度。毕竟对市场上的顾客而言，他已树立了公司的积极进取的形象。

想要把所有的情绪和成见从你的工作中消除是不可能的事情，但你可以控制自己的一些负面行为；重要的是要知道哪些行为对组织或自己有害。譬如说，假如你对某个损失感到难过，你可以告诉员工们，让员工们支持你，但是切记，不要让那些负面的语气影响了整个公司原有的好气氛。

对怀中寺来说，他应该试着

深入分析

管理者也是人，有情绪、好恶，也有自己看待别人、情境和整个世界的一套方法。作为一位管理者，当你进入工作场合时，你就为整个组织设定了一种做事的态度。假如你很激进、很气愤，整个公司的气氛也会变成那样；假如你有偏见，整个组织也会表现出偏见；假如你很愉快，整个组织也会呈现出快乐的气氛。

改变自己，以更专业的态度主持会议，并时时检视自己。他应该学会与各个方面的人相处，而不是固执己见，以自己的好恶影响员工的情绪。

正确方法

试想一下，你在工作场合中表现了怎样的情绪偏见？

假如你要求员工或同事说实话，你认为他们会怎么形容你为公司塑造的形象？

大家都晓得，员工的态度反映了老板的态度和廉正。进一步想想这个道理，你的职位愈高，你就愈需要表现你的廉正和领导力。

做老板要在言行举止上展露出领导者的风范。那么，一个优秀的管理者就应该做到以下几点：

1. 客观地对待员工

每个员工的工作方法可能有所不同，不能以你的方法来界定员工的做法，只能以最后的结果来评定员工的工作绩效。也许员工的方法看似拙劣，却能恰到好处地表现出他在工作上的另辟蹊径。

2. 对自己立下的规定一定要从自己做起

然而，很多管理者都无法彻底实践自己立下的规定。假如你要求每个人都遵守某一种做事方法，你自己也不能例外。假如事情不得已一定要例外行事，你得向员工解释其中的道理，或者改变规定。

3. 对员工要诚实

假如你期望下属对你诚实，你也要付出同样的真诚。假如工作的进程需要保密，你应该什么都不要说，或者明白地对别人表示，你不宜对这个议题发表意见，而应由你的员工自行处理。

4. 要相信员工的能力

员工并不是愚蠢的，他们某些方面的工作能力也许比你这个领导者还要高，所以，千万不要给员工一种你认为他们无能的情绪感染，这样的结果只能说明你的领导能力低下。

5. 做事要稳重

一个优秀的管理者，应该冷静、稳重，即使发生了很糟糕的事情，也要稳住阵脚，冷静地处理。这样，你的下属才不至于手足无措。

6. 不要压制员工

不顾员工立场，强制地命令，只会徒然增加员工反抗的心理，只能收到相反的效果。一个真正的领导者，绝不会依自己的情绪来行事，而是能够放下架子，花时间来与员工商谈。

7. 塑造一个稳重的领导者的形象

管理者如果没有形成良好的个人形象，前途一般不会太好。管理者一定要根据事业的性质和特点，塑造自己的个人形象。

管理者的形象一定要稳重，有品位，至少也要维持一个稳定的形象。必要时找一个专业形象设计师也是合理的、应该的。

8. 要有一个宽广的胸怀

企业的战略是企业经营管理者胸怀的体现。企业的经营者有多大的胸怀、想做多大的事业，

妙语点评

　　你的员工在你的工作中是第一位的，不要让你的情绪左右了他们的正常工作。控制自己的情绪，做一个稳重的老板，不以物喜，不以己悲。客观冷静才能稳妥。你是员工的"定心丸"，要注意自己对待员工的情绪。

就要制订相应的战略措施。相反，从企业的发展战略措施也可以看出企业经营管理者的胸怀所在。心胸之中只有眼前利益，总是想着自己的小利益，那企业采取的战略可能就是以私利为核心，损害他人利益的。

将工作复杂化

简简单单，才能轻轻松松。

管理事典 ————

比尔："我从早忙到晚，但是没有一件事情是理想的。我这么拼命，结果却是白忙一场，没有什么成果，感觉自己一直被工作追着跑。我到底在忙些什么呢？"

基姆斯："你的忙乱不是因为工作太多，而是因为没有重点、目标不清楚，所以才让工作变得愈来愈复杂，时间愈来愈不够用。"

比尔："当我给员工提出意见时，我总是发现他们变得更糟；当我急于给他们做示范指导时，我又发现我的时间没有了。"

基姆斯："你的一天只有 1440 分钟，你能完成多少工作？在信息庞杂、速度加快的职场环境，我们必须

深入分析

"简单"来自于清楚的目标与方向，你应该知道自己该做哪些事情、不该做哪些事情。

在一定时间内完成愈来愈多的事情。在如今日趋复杂与紧凑的工作步调中，'保持简单'是最好的应对原则。"

现代人工作变得复杂而没有效率的最重要原因就是"缺乏焦点"。因为不清楚目标，总是浪费时间重复做同样的事情或是不必要的事情；遗漏了关键的讯息，却浪费太多时间在不重要的讯息上；抓不到重点，必须反复沟通同样的一件事情。

少做一些，不是要你把事情推给别人或是逃避责任，而是要你焦点集中、很清楚自己该做哪些事情，这样，自然就能花更少的力气，得到更好的结果。

正确方法

目标清晰、掌握重点、作好沟通，是简单工作的法门。

将"简单"的概念运用到日常的工作实务上。提供给你以下几点建议作为参考：

1. 问清楚工作的目标与要求，可避免重复作业，减少错误

通常的情况是，你不知道自己应该做什么：这个目标对你的工作会有什么样的影响？这个目标对你的意义是什么？当你理清了所有的问题后，再开始工作。

你必须理清的问题包括：我现在的工作必须做出哪些改变？要从哪个地方开始？我应该注意哪些事情，才能避免影响目标的达成？有哪些可用的工具与资源？

目标清晰不是要你解释公司的目标或是策略，而是这个目标对你的意义是什么，公司的目标与你个人目标之间的关联是什么。

2. 要清楚你完成工作所应具备的条件

你应该先了解公司有哪些既有的资源可以应用、可以寻求哪些支持，这样才能更有效地规划自己的时间以及工作进度。

3. 懂得拒绝员工不合理的要求，不让额外的要求扰乱自己的工作进度

在决定你该不该答应对方的要求时，应该先问问自己：我想要他做什么？他是否能完成？他如果出错了会有什么影响？如果不答应他的要求是否会影响既有的工作进度？如果你的确不能帮助他，你就应该告诉他：这是你应该完成的事情，我也相信你能够完成，换一种思路，改变你目前的这种做法，要学会思考，只有你能够面对苦难、解决困难，那么你的工作才能进步。

4. 排定优先级，可大幅减轻工作负担

你当然不可能同时完成那么多工作，为什么不订出工作的优先级？你不是不做，但是凡事有先有后。你可以事先衡量哪些工作可以为公司带来最大的效益，必须优先处理；然后列出手中有哪些工作正在进行，需要哪些支持才能在期限内完成。

5. 可以请你的上级帮忙

如果你希望得到上级的支持，必须清楚、直接，而且要简明扼要。不要让老板觉得你只是想偷懒，把责任推给老板。举例来说，如果你希望上级支持你的提案，你应该逐条列出已经完成的工作项目，而后提出未来30~60天之内需要上级协助的事项：例如，他可能要参加哪些会议、参加会议的人员有哪些、他需要公开向所有员工宣布哪些事项等。

6. 有效过滤邮件，让自己的注意力集中在最重要的讯息上

每一个人的时间与注意力是有限的，电子邮件的内容愈精简愈好，不仅可以节省自己的时间，更能吸引收件人的注意，提高响应的几率，否则你的电子邮件就会落入对方 90% 的删除名单之中。你必须利用最小的空间、最少的文字，传递最多、最重要的讯息，而且必须更容易阅读，节省对方的时间。

7. 当没有沟通的可能时，不要浪费时间想要改变

如果真的遇到这样的员工，完全没有沟通的可能时，你就不必再浪费时间或精力作无谓的沟通或是尝试改变。只要你的工作方向和原则是对的，那么就按照你的来做好了。

只要取得员工的信任，不需要反复地沟通，同样可争取到你要的资源。当然，这只能在你的沟通已经作得很到位时才可以。

8. 专注工作本身，而不是最后的结果，才能将工作做得有条不紊

每一个人都应该随时知道自己的工作绩效如何，不能眼睛盯着结果，不看事情的发展情况。

妙语点评

当员工确实清楚工作职责和内容后，管理者会认为他理所当然应该出色地完成任务，因为他们有一定的工作经验或教育程度。其实不然，还有多方面的因素制约着工作的完成。现今，出色的管理者通常没有受过什么训练，他们凭着自身的才能和自律一路走过来，他们表现出比一般人要多一些天赋的才能往往就是自我规范的才能。在管理者看来易如反掌的事，下属可能不知如何处置。

只奖不罚

奖励和惩罚并用，管理者才能纵横捭阖、纵情驰骋。

管理事典 ————————

在美国西部某保险公司，年终时距离完成年度任务指标还有不小差距。为了完成任务，管理者不但给一线的业务员施加压力，而且要求所有的内勤办公人员在做好本职工作的同时，每个人都要承担一定的业务指标，并且规定了每个人必须完成的下限指标。为保证落实，总管理者还制订了奖惩措施，对超额完成任务的人员视额度予以丰厚的奖励，对不能完成任务下限的员工则要给予惩罚。最后，该公司"冲刺"成功，如期完成了年度任务。

从整个组织的情况来看，部分有能力、有关系的员工超额完成了任务，有的业绩还很不错。而很大一部分员工则在压力下仅仅完成了任务下限。还有一部分员工，由于种种原因，没能完成任务。少数几个员工甚至根本就没有采取任何行动，他们的业绩是"白板"。总管理者知道，如果不兑现奖励，一定会招致员工不满，虽然这一块额外奖励的支出大大增加了公司的运营成本，但他还是论功行赏，按照事先制订的标准一一兑现了奖励。

至于那些没完成任务的员工，总管理者认为这部分人毕竟不是主流，况且现在公司的总体目标已经完成了，从与人为善的角度出发，就没有必要和员工过不去了。于是，事先制订的惩罚措施就这样不了了之了。这位总管理者不想跟员工过不去，但是他的一部分员工却跟他过不去了。

超额完成任务而得到奖励的员工和未完成任务却逃过惩罚的员工都很高兴，但是大部分仅仅完成任务指标的员工却不高兴了。他们本来不是业务人员，但在公司高压政策之下，付出很多努力、克服很多困难才勉强完成了任务，但是他们的回报竟然和那些不思进取、偷奸耍滑者并无二致。

许多人虽然不敢明着去向总管理者提意见，却暗自作了决定，今后再有同类事情，一定要向这些未完成任务的同事"学习"。蒙在鼓里的总管理者不知道，由于他的一个所谓"人性化"的管理失误，在他的公司中，惩罚措施作为一种约束性力量已经在无形中失效了。而且，这种影响作为一种强烈的信号（不完成者不受惩罚）将会在很长的一段时间内对组织产生负面作用。

因为情况特殊，他调动了不是从事这项工作的其他员工，也就是案例中说的非主流人员，结果任务完成了，但是，他没有给那些没完成任务的人一些他事先所说的惩罚，这样的结果当然不会令人满意。

这位管理者给出的工作是一样的，但是，每个人的水平是不一样的，这其中包括从来没有做过这项工作的员工，同时他给出了一个针对所有员工任务完成情况的奖惩制度。

深入分析

在这个案例中，我们可以看到这位管理者采取了这样的一种工作方式：全民皆兵，即发动全体员工的积极性，共同完成一项任务。结果令人很满意。在压力的作用下，很多人员超水平完成任务。我们也看出这个团队的整体水平是非常不错的。员工方面是很优秀的，可是这位管理者却犯了一个错误，那就是只奖不罚。

从这里，我们就看出他的错误，也就是没有一个合理的标准，对待那些没有这项工作经验的人来说是非常不公平的。所以会出现上面的结果，也就是有些员工非常努力但是因为经验不足，成绩不理想，有些员工则是浑水摸鱼，并没有积极努力，成绩当然不会好。而这位管理者将这两类人归在了一个层次里，否定了那些努力工作的员工的积极性，也没有重视那些吃闲饭的人对整个集体的危害。

如此，员工对管理者的不满是自然的了。同时，员工之间的矛盾会出现，如果管理者仍然不加以重视、区别对待，那么很可能导致这个优秀团队瓦解。

正确方法

要想解决上面案例中的错误，应该做到以下几点：

1. 管理者在分配工作中要做到公平合理

这是奖惩制度的前提，只有合理地分配工作，才能使奖惩制度得以顺利进行。

2. 奖惩并用

这与管理者的奖惩观有关。许多管理者把奖励当成惩罚的对立面，上述案例中的总管理者也是如此。在他的心目中，对未完成任务者不施加处罚，等同于不奖励。其实不然，奖励的反义词不是惩罚，而是不奖励。同样，惩罚的反义词是不惩罚。奖惩制度的层级应该是这样的：惩罚、不惩罚、不奖励、奖励。换句话说，奖励和惩罚都是相对的，该奖励时不奖励，就相当于惩罚（隐性惩罚），而该惩罚时不惩罚就相当于奖励（隐性奖励）。

管理者一般能看到显性的奖励和惩罚，却看不到隐性的奖励和惩罚。上面这个案例中的总管理者正是在不知不觉中"奖励"了偷懒耍滑的员工，从而造成了努力工作的员工的不满。

我们说，较多地采用激励性的奖励手段来管理，当然符合人性，也无可厚非。但是，这不应该以减少或弱化使用约束性的惩罚手段为前提。两者并不矛盾，而是相辅相成的。管理者只有正确地理清自己的奖惩观，才能在奖惩之际游刃有余。

不能有效管理

有效性需要的是正确的战略，而不是令人眼花缭乱的战术。

管理事典 ————————

航班上，格雷遇到了乔。乔曾是格雷弟弟的同学，家境很富有。

"你怎么了？从前见你，总是一副笑眯眯、春风得意的样子。如今，两簇剑眉紧锁，言语中全无自信。"

"我毕业即一心想脱开父亲的羽翼，自打天下，如今虽然如愿但并不如意。自己的公司成立两年来，始终跟跟跄跄、举步维艰。父亲经营偌大一个集团企业依然从容不迫，相形之下，自己每天忙得不亦乐乎，却收效甚微，信心日短一日。"

乔知道格雷一直从事管理咨询工作，所以很希望他能帮助自己找到解决办法——究竟怎样才能做一个从容不迫、卓有成效的管理者！

乔是否只是在浪费时间，不能妄下推论。不可否认，智力、想象力和知识都是人类的重要资源，但依靠这些资源本身只能达到有限的成就，只有效率才能使管理者硕果累累。

管理者面对的现实一方面要求他们的管理具有有效性，另一方面

深入分析

其实，这样的现象在众多管理者身上普遍存在。加拿大管理学家明茨伯格在通过长期对管理者工作的详细研究后，认为在现实的许多企业里面，管理者所发挥的作用是不够的。而其原因并不是管理者能力不高或者时间不够，关键在于管理者所做的工作并不是企业最主要的。许多管理者往往做一些自己不该做的事，这些事对企业的管理及生产效益的提高不能带来任何有益的帮助，他们只是在浪费时间。

却又使他们极难达到有效性，原因是管理者的时间总是被别人占用着，任何人都可以随时来找他；他被迫忙于日常作业，如安排市场销售或生产事务。除非他采取措施来改变他的工作方式，否则肯定不能使管理更有效。

正确方法

想有效管理，就要做到以下几点：

1. 有效运用时间

管理者的工作首先是认清自己的时间花在什么地方，然后设法管理自己的时间，并减少那些没有成果的工作所占用的时间。

时间是一个限制因素。在某种限度内，我们可以用一种资源来替代另一种资源，如铜代铝，但却没有任何东西来替代时间，而且时间也不能增加和贮存。干任何事情都需要时间，有效的管理者区别他人的唯一之处，就在于他们能够有效运用时间。

管理者经常受到种种压力，迫使他不得不花费一些不会产生效果的时间，尤其体现在人际关系和工作关系的调和方面。管理者应该分辨出哪些是根本不必做的事，取消那些纯粹浪费时间丝毫无助于取得成果的事：

（1）有些能让别人办理的事情可以授权他人来提高效率；

（2）管理者自己同时需要杜绝浪费别人的时间，这种时间损失很可能是由管理者或者组织缺陷引起的；

（3）由于缺乏系统和缺乏远见而造成的时间浪费，可能导致企业反复出现同样的危机，而一些危机本身是可以预防的；

（4）组织雇员太多、会议太多，信息传递不灵或信息不准确都是时间浪费的因素。

2. 致力于贡献成果

有效的管理者致力于对外界的贡献。他们不是为工作而努力，而是为成果努力。他们从"期望我的成果是什么"这一问题出发，从他们的工作里能看到他们的目标。以贡献为宗旨使管理者的注意力不受

妙语点评

管理者工作的实质是，运用自己的权力和知识，为整个企业的组织机构、企业的经营以及可能取得的成果，做出意义重大的决策。决策时需先着眼于最高层次的概念性认识，然后反复思考决策要解决什么问题，再针对问题确定决策所依循的原则。决策不是为了解决当前的、显而易见的问题，而是具有战略指导意义的决策。这样的管理工作才是最高效的。

自己的专业、自己的技术以及自己所属的部门所局限，而是重视组织整体的成绩，并使他们的注意力转向外界，他们会自觉考虑自己的技术、专业、职务，以及部门与整个组织的目标间有什么关系。

当管理者为贡献而工作、为贡献而与别人交往时，才会有好的人际关系，他的人际关系才会有生产性，这也才是有效的人际关系。以贡献为宗旨的有效人际关系提供4项基本保证：意见沟通、集体合作、自我发展、培养他人。

3. 着眼于长处

有效的管理者重视发挥长处，包括他们自己的长处、上级的长处、同事的长处和下级的长处，还要发挥周围环境的长处，即他们能干什么。有效的管理者能避开短处，他们绝不着手于他们不能干的事。当然，这并不能克服每个人身上所固有的许多缺点，但却能使这些缺点不发生作用。另外，有效的管理者对自己的工作也要从长处出发，他们会使自己所能做的都发挥效益。管理者的任务在于整合整体的行为能力，通过对每一个人所拥有的一切特长的运用，产生乘数效应。

4. 集中于少数主要领域

有效的管理者集中精力于少数主要领域，以便以优秀的管理产生卓越的成果。他们强迫自己设立优先秩序，而且坚定地按优先秩序作出决定。他们知道只有做好最重要的、最基础的事，而没有其他选择。摇摆不定将会一事无成。

有效率的管理者懂得，他们要处理的问题不计其数，件件都需要有效地解决，这就要求他们集中自己的时间、精力，按工作的轻重缓急，分而治之。要学会"集中精力"的管理办法，首先要学会"摆脱昨天的困扰"，即终止已不再起积极作用的工作，终止过去遗留下来的无意义的工作，释放这种工作占用的资源，为新工作的开始创造有利的条件。

需要强调的是，决策的有效性并不取决于"意见一致"，而是建立在不同观点的冲突、协商和对不同判断的选择基础上的。反对意见是使决策者免受组织束缚的唯一有效方法。反对意见本身，就为决策者提供了不同的选择方案。

第七章

在面对人才流失时
可能犯的错误

临时抱佛脚

管理者要能洞察人才流失的现象，平时好好利用人才。

管理事典

"能够为你工作、和这里的人共事，我真的很开心。"你的某位下属说，"但下个星期一，我要去另一家公司工作。这跟你没有关系，跟这里的工作环境也没有关系。我只是觉得，换个地方能有更多的机会提高自己。"

一个公司要向前发展，一个管理者要创造业绩，离不开优秀人才的辅佐，这样才能成就大业。如果你的下属们认为你并不是一个好主管，他们觉得替别的主管工作更值得，那么你的职位恐怕很难保住了。

员工离职的原因多种多样，其中之一就是没有设立招聘后的评估。招聘工作结束后，由于没有对已完成的

深入分析

在今天，人才流动速度越来越快，类似于"跳槽"一类的事不足为奇，不见得是你的错误。但要是其他群体没有做出加高薪或是升高职的承诺，却还是把自己的优秀下属给挖走了，这就可能真的是一个错误了。

招聘工作做相应的评估，没有对刚入职的新员工的各方面状态进行二

每个企业都要面临员工的流失，为了网罗精英，首先就是要尽可能地留住企业的人才。要随时注意员工的工作情绪、工作效率，并且积极关怀下属，让你的员工在你的企业中有一种家的感觉，尽可能为员工提供优厚的待遇。为了让你的企业稳定下来，先要让你的员工稳定下来。做好事前的规划工作，把事想在前面，做到有备而来，使企业人才输入圆满实现。

次评估，所以没有尽早发现这次招聘中的失败。其实，企业为了以后招聘工作更好地开展，对上一次招聘工作做评估是十分有效的。它能帮助企业改正存在于招聘工作或其他人力资源管理工作方面的失误，它是对招聘的每一个环节工作的跟踪，以检查招聘是否在数量、质量以及效率方面达到标准。

　　当然，除了这些，还有其他的原因。但不管是什么原因，团队中人才的流失，会直接威胁到管理者自身的地位和发展，必须防止这种情况的发生。

正确方法

1.准确把握跳槽前的信号

　　（1）频繁请假。如果这个人一向遵守劳动纪律，从不轻易请假，而现在突然开始频繁请假，恐怕就要考虑此人是否准备跳槽。请假无非是去联系新单位，或做一些应聘准备，还可能是处理私事。既然准备跳槽，就再也用不着像以前那样积极地表现了。

　　（2）工作热情明显减弱。和以往相比，工作劲头和工作效益大打折扣，他只是在岗位上应付差事。虽然许多人心里也告诫自己要站好最后一班岗，而实际上却已心不在焉，也许热情已跑到即将上任的新岗位上去了。

（3）开始整理文件和私人物品。办公桌上前所未有得混乱或整洁，并陆续用一些手提袋将自己的东西分批拿走，到时一走了之。

（4）和周围的人关系不再像以前那样。拍管理者马屁时也表现出一种"自尊"，喜欢传闲话、打小报告的开始"自律"，热心"公益"活动的人也不再乱掺和，即使以前为了搞好同事关系抢着打开水倒茶的现在也罢了工……绝不是这些人懂得做人、成熟了，而是他们马上要离开这里，用不着再让自己受委屈；在接电话时语言已开始暧昧，甚至会神神秘秘，往往会说"到时再说吧"！

诸如此类，说明此人已"身在曹营心在汉"了，只等这月工资发下来。

2. 及时"清理"你身边这些不再专心替你工作的人

你身边会不会有"身在曹营心在汉"的下属？不要小看这一点，如果你的团队业绩平平，或者你紧抓着员工不放，替你工作的人就会心不在焉。

这个"清理"包含两层意思。其一就是上面说的留，那么怎么样留呢？把愿意留下来的人留住，同时这些人确实是很好的员工。其二就是送走。那些你很难管理又没有什么工作能力的人就走吧，那些很有才能但是已经"这山望着那山高"的人也留不住，俗话说，"留住他的人，留不住他的心"。不能因为一个人的情绪而让整个团队都受到影响，你不需要这样的人。在送他走的同时，要送上你的祝福，这是一位管理者应有的胸怀。

可以说，一个公司潜力的大小要看这个公司拥有人才的多少及对人才重要性的认识程度。

漠视员工的离职

漠视你的员工就是漠视你自己的前途，人才流失是最大的损失。

管理事典 ────────

"杰西卡，我听说你要为营销部的杰克工作？你是我们这儿一位很有价值的员工，我想我们肯定能做些什么，让你留下来的。"

"真想不到，杰克把开发客户任务都交给我做，我真的很想有这样一个发挥自己专长的机会。我在现在这个生产部门里真的看不到这种可能性。"

"好吧，能说一下为什么吗？"

"老板，其实我们部门不适合做一些专业性营销工作，我其实是善于交际的。"

"既然这样，请将你的工作迅速交接完。"

"我确实很想继续为你工作。"

"我听说工作任务很重时，杰克会压得你喘不过气来。"

杰西卡无奈地走出办公室，其实，他已经很明确地表达出了他的意思，他并不是想跳槽，杰克的工作也不适合他。

他想：如果老板能让我发挥特长，我就一定留下来。

为什么就不能把一个好的员工在自己手下留得时间长一点呢？这位主管有这么几个理由，我们看一看这些错误的想法：

（1）杰西卡的特长这位管理者没有看到，对自己的工作不感兴尽管员工在离职之前有许多征象可寻，但并不是所有的管理者都能在员工提出辞职请示之前就能看出苗头。不过，这并没有什么，人力资源管理者应该还有第二道"防线"，即积极地劝阻。首先，作为管理者的你要对这件事做出很强烈的反应，因为所有的员工都很重视管理者这时的反应。如果你正在开会，千万不要说"等我开完会再来找你"之类的话，正确的反应是马上放下手中的事情，这样才能够明确地向提出请求的员工显示，员工的去留比这一日常工作更重要。如果这时你的反应是不冷不热，那么员工本来还只有三分去意的话，现在会马上变成八分去意了。当然，更不能说出"要走就走吧"之类的气话。

趣，自然没有多少激情，杰西卡因而萌生去意。

（2）杰西卡其实并不想离开，他只是拿着离开作为借口，希望老板予以重视，但是这位老板却一副无所谓的态度。

有些员工因为对自己的工作不感兴趣或者想要管理者为其提供更高的薪酬，而以"辞职"作为借口试图提升自己工作地位、待遇，这时候管理者应能细心考核这名员工的工作绩效，如果确定应该予以改变，那么就给他一个合理的提升，不能对此不闻不问。

正确方法

这时管理者需要做的是，与提出辞职的员工进行坦诚的谈心。这种谈话实际上可以看成与员工进行的又一次"劳资谈判"。谈心时，一方面要诚恳地劝说员工留下来；一方面要倾听员工对自己的意见，尤其是他辞职的原因；同时还应该了解员工打算去什么样的新企业，为什么选择这家企业。通过了解这些信息，管理者可以寻找员工的心

妙语点评

　　"要走就走吧，无所谓了"，这样的话不是一个负责任的管理者应该说的。管理者应该采取积极的态度，能够正视到人才流失对你是一个重大的损失。毕竟，在这样一个竞争激烈的社会中，主要还是人才的竞争。

理突破点，更重要的是，通过这样的谈话，可以了解企业管理中存在的问题。在这个时候，应该让员工看到你对他的重视，员工如果是诚恳地与管理者交心的话，一定会谈到一些对企业、对管理者本人或者对企业的最高管理者不利的话。这时，一定不能听着不入耳就勃然变色。一般说来，员工离开企业，总是说明企业管理中的什么地方出了问题，存在弊端。

　　松下幸之助在跟随了他26年的后藤清一离开公司的时候，用了一个多小时倾听后藤对公司的意见。他认为，这是花钱也买不来的意见。对公司其他离职的员工，松下也十分诚恳地请大家留下对公司的批评和建议。

　　在与离职员工谈话之后，管理者就应该对谈话所获得的信息进行分析，商量一个说服员工留下来的办法。造成员工流失的管理者存在的问题形成了我们所说的推力作用；同时企业外也存在许多因素，形成对员工的拉力作用。管理者制订的挽留方案应该有很强的针对性，击破他的心理防线。而要做到这一点，与员工的谈话是很关键的。根据员工所陈述的拉力和推力理由，进行耐心的说服。要让员工认识到，他对企业的推力的看法是一个误会，管理者会很积极地纠正这一误会。与员工在一起进餐等方法会是很有用的，以便说明企业挽留员工的诚意。

与此同时，管理者还应该采取积极的行动，解决员工所提出来的困难，使企业内部推力因素降到最低点。一般说来，除非由于员工与管理者有不可调和的冲突和矛盾而产生去意，许多情形下问题还是可以解决或者得到缓解的。

如果以上的措施都不能奏效，管理者也不能强留员工，应该做的就是采取措施减少可能由于该员工流动而带来的损失。如分析该员工流动是否会泄露企业的商业或技术秘密；员工是否会带走企业界市场份额；员工是否还有必须在离开之前了结的义务、债务等。企业应该采取积极的、果断的防范措施，避免企业受到更大的损失。

阻碍跳槽

鼓励人才流动，不歧视离开的员工，才是一个管理者应该有的胸怀和气度。

管理事典 ────────

史密斯的专业是艺术设计，却在公司的生产部门工作。近来，销售部的管理者提出把所有印刷品的设计任务都交给史密斯来做，包括宣传手册、产品目录、海报，甚至报纸或杂志上的广告。史密斯很想有这样一个发挥自己艺术设计专长的机会，而他在公司的生产部门里却看不到这种可能性。管理者了解到他想离开的想法后说："你是我们这儿很有价值的一位员工，我想我们肯定能做些什么，让你留下来。公司有一个大的营销部门并不意味着我的部门就不能做一些专业的营销工作。我给你一些附带的工作，比如，为我们的产品设计包装，怎么样？这不就能发挥你的艺术特长了吗？"

一位比较出色的员工告诉你他接受了另外一份工作时，你对他的离去一定非常遗憾。如果他是因为找到了在你的组织中无法提供的机会而离开的，你应该为他感到高兴，并表达良好的祝愿。不要随便做

深入分析

这位管理者的错误在于：（1）为了能迎合史密斯的喜好，对部门的工作进行一些不太恰当的调整。设计工作通常是由别的部门完成的，现在，你可能由于干涉其他部门的工作而引起部门之间的摩擦；或者只能让史密斯做一些毫无意义的工作，因为他的设计多半不会被采纳。（2）待不了多长时间，史密斯可能还是会因为不满意而离开的。

出任何承诺，先看看是否有回旋的余地。促使该员工留下来的办法应该对整个部门有好处，如果条件不妥当，就不要提出来。从日常管理技巧来看，如果希望能留住优秀的员工，就应该经常表达对他们的器重，并对他们做出的每一项具体贡献表示感谢。

一个管理者如何对待他的离职员工，不仅反映了本人的胸怀与气量，根本上也是企业文化的体现。重视人性，追求亲善、和谐、以人为本的信任并尊重每个人，只要给予员工适当的权限和支持，他们都愿意努力工作并把工作做好；鼓励人才流动，更不歧视离开的员工，这样，你就非常有可能让这些优秀的人才回来。

正确方法

企业的管理者应该正确看待离职，培养人才成长的土壤。

1. 弄清员工的离职原因

可能有的人只是借此来做一次新的跳跃，或者要求更高的薪水，或者要求更高的职位。管理者应该客观地分析原因，仔细地考虑自己的下一步决策，如果只是要求更高的薪水，而这位员工又确实有了相当的能力，那么还有什么考虑的呢？当然，不能员工一不高兴就采取这种措施，那会把员工惯坏的。

2. 可以给员工一些适当的职业建议

如果员工追求职业生涯的变化，体现在外部就是跳槽，而管理者可以通过内部轮岗或者交流工作地点来实现内部职业生涯的多元性；员工追求创业的刺激，管理者可通过实施内部创业的孵化器机制，或成立事业部来满足员工的创业欲望。对于绝大多数员工而言，他们希望自己所处的企业有一个良好的人才成长环境，要有适宜的成长空间和生存土壤。

3. 尊重离职员工的行为，先内省自己

如同环境的恶化会造成水土流失一样，企业人才环境的恶化就会造成人才的流失。跳槽虽然看上去是个人行为，实际上更多时候是企业行为

妙语点评

山因势而变，人因思而变。我们不应把员工想发展、求变化的心态责难为"朝三暮四"，或者"这山望着那山高"，问题的关键是要使员工的求变心态成为企业的可控状态。管理者努力建设企业的内部环境，以自己的硬件留住员工，而不是勉强留住员工。

和管理者的管理行为的折射。当企业发生员工离职，管理者要做的不仅是对某个人的挽留，还要尊重他的选择并且要反省自己。

4. 利用企业内部的拉力

管理者为了避免人才流失或损耗，需对自身加以分析。导致员工离职的因素可分为员工受到企业外部的吸引力所引起的"拉力"和企业内部所引起的"推力"。当企业欠缺周详的人力资源规划，造成人力政策不稳、裁减员工等问题，使员工离职，从而形成"推力"。应该不断加强企业的文化内涵，为员工营造一个温馨舒适的工作环境，将推力变成拉力，而不是生硬地将员工扣住。

5. 放手让员工自己做出选择

并非所有人员的离职都是损失，因为"泡桐"适宜的成长环境和"红松"的是不同的。

人才管理的真谛不是用"金手铐"锁住员工，也不是事后扑火、亡羊补牢，而是使自己企业成为一片沃土，让人才如雨后春笋，势不可阻。

6. 做好保密工作

因为不论出于什么原因，离职员工都希望能够为自己以后的工作获取必要的资源。实际上，离职员工通过各种手段从原公司拿走一些资料已经成为一种习惯，当然这些资料只是方便以后工作，而不是直接用来出售。有些员工为了在应聘时博得新雇主的喜爱，总是很积极地回答雇主的每一个问题，而其中有许多问题都是新雇主为了获取竞争对手的资料故意设置的。管理者的最后一步就是委婉而又有原则性地让员工做好保密工作。

没有好的人力管理机制

人才需要好的管理机制来培养、锻炼、提高以及储备。

某公司的经营业绩一直不理想。1997 年，企业实施了改制，变成了一家民营企业。管理者杰克逊实行一系列改革措施，此后，公司凭借技术实力和灵活的机制，取得了良好的效益，产品不仅为多家大型电器公司配套，而且还有相当数量的出口远销，一时成了所在区的纳税大户。

但是，伴随市场成功而来的却是内部管理上的一系列问题。尽管员工的工作条件和报酬比起其他企业来都已经相当不错，但管理人员、技术人员乃至熟练工人却在不断地流失；在岗的员工也大都缺乏工作热情。这给公司的发展乃至生存带来了极大的威胁。

为什么会出现这样的问题呢？从杰克逊采取的以下几个措施也许能窥见公司的人力资源管理和员工激励方面存在的问题：

"红包事件"——公司改制时，杰克逊保留了"员工编制"这一提法，这就使公司有了 3 种不同"身份"的员工，即"工人""在编职工"和"特聘员工"。其中，"工人"是通过正规渠道雇佣的外来务工人员；"在编职工"是与公司正式签订了劳动合同的员工，是公司的技术骨干和管理人员，他们中一部分是改制前的职工，一部分是改制后聘用的；"特聘员工"则是向社会聘用的高级人才，有专职的，也有兼职的。一次，杰克逊在发放奖金时，"工人"和"在编职工"的奖金是正式造表公开发放的，而"特聘员工"是以红包形式"背靠背"发放的，并且"特聘员工"所得是"在编职工"的2~3倍。但这件事大大挫伤了员工，特别是"特聘员工"的工作积极性。他们中一部分人感到公司没有把他们当作"自己人"，而更多的人则认为"在编职工"肯定也得到了红包，作为公司的"自己人"，所得数额一定比"特聘员工"更多，自己的辛苦付出没有得到公司的认可。公司多花的钱不但没有换来员工的凝聚力，反而"买"来了"离心力"。

"人尽其用法则"——杰克逊的"爱才"是出了名的，公司在"招才"上舍得花钱，但在如何"用才"上却不尽如人意。公司的职能机构设置很简单，厂长室下设了生产科、技术科和综合科。生产科长兼任主要生产车间主任，还兼管供应；财务、统计、文秘等均压缩在综合科；市场则由副总管理者直管。因此，职能科室成员往往是"一位多职"，如会计师同时还可能是文秘，又要作接待等。这本来体现了用人机制的灵活和高效。但是，这种"一位多职"又不稳定。一项任务交给谁完成，十分随意。又由于职责与分工不明确，最终也就无从考核。于是，多数科员为减轻自己的工作强度，纷纷降低了工作效率，以免显得过于"空闲"而被额外"加码"。

"评比出矛盾"——公司定期对员工进行考评，整个考评工作由各部门分别做出，但他规定不论工作如何，必须分出A、B、C三等，并将考评结果与待遇挂钩。这使得员工之间产生不少矛盾。

深入分析

案例中的管理者存在以下问题：将"灵活性"与"随意性"画等号；人力资源管理无序；缺乏沟通，反馈不及时。

尽管企业人才流失的原因是多方面的，但激励机制存在的问题必然是造成人才流失的重要原因之一。

正确方法

1. 不要轻易开除人

末流管理者不问青红皂白，一刀切；一流管理者探究深层原因，讲人本。

实际上，管理者的业绩往往取决于下属的表现。挑选和培养下属，是优秀管理者的基本技能和责任所在。不过，事情总有不遂人愿的时候。

2. 建立必要的人力资源管理制度

在工作分析的基础上，结合自身特点设置岗位，明确岗位职能与责任。这样不但可以有效避免工作指派上的随意性，而且能克服招人用人的盲目性，也为员工业绩考核提供了客观公正的依据，有利于充分发挥组织效率。

3. 关心员工发展和成长，引入员工"职业生涯设计"等导向机制

在了解员工个人愿望的前提下，管理者帮助员工设计好自己的职业目标并努力创造实现目标的条件，这样既可以提高员工工作的努力程度，又可以提高员工对企业、对管理者的归属感。对于一部分高级人才，可以用"期权制"等方式来

妙语点评

建立一种制度化和非制度化相结合的人力资源管理机制十分重要。机制上的灵活性是企业的优势，但同时会出现规范化不足的欠缺。规范有序，可以减少组织"能量"的浪费，灵活、人性化可以增强组织的内在动力。规范与灵活的结合，应当成为人力资源管理和激励工作的追求目标。

处理他们与企业的关系，这将有利于企业的长期稳定发展和壮大。

4. 建立沟通与反馈机制

从个体的角度来考察，员工有一种及时了解上级对自己工作评价的需求，当这种信息不能及时反馈给员工时，他们一方面会迷失行动方向，即不知道自己的工作方法究竟是否正确，从而彷徨不前；另一方面，他们会感到自己的工作不被组织重视，从而失去工作动力。

不合理的解聘

管理者应该对员工有一个正确合理的考评之后，再去做出解聘的决定。

管理事典 ——————

丹妮丝经猎头介绍，受雇于一家著名的企业，担任营销总监，并与公司签订了为期 3 年的合同。4 个月后，由于丹妮丝在一次与客户的沟通会议上迟到了 20 分钟，使公司失掉了这位大客户的信任，也与这位大客户失之交臂。公司单方面提出解除合同，原因是丹妮丝没有达到公司的季度营销目标。可是丹妮丝走后，公司的营销部受到了极大的影响。

企业的管理者玛丽大惑不解：

"她的工作已经出现了那么大的失误，难道我不应该解聘她吗？"

但是丹妮丝的手下却都对玛丽很不理解：

"怎么可以这样呢？我们和丹妮丝的合作一向很愉快，仅仅因为她一次失误就解聘，那么我们以后的路怕也走不长。"

"丹妮丝对我们每一个人的销售都能起到很关键的作用，为什么这么有能力的人还让她走了呢？"

最简单、最快速的方法就是解聘，这样不但能驱除"败类"，同时还能起到对其他员工的警告作用。但是在提出解聘的时候，许多管理者发现这会受到员工的抵制，而这中间，最多的现象就是"无法可依"。争议也往往出在这些漏洞处。因此，应该将对员工的要求和行为准则公布出来，并且留存员工的书面认可，管理者依据这些规则对员工进行惩罚或者解聘。

正确方法

1. 规章制度培训

最易行的办法就是在员工进入公司的第一天，就由公司人力资源部门对他们进行一次公司规章制度的培训，这样公司不但履行了告知的义务，同时减少了日后不少的麻烦，何乐而不为？

2. 允许员工出现错误

人无完人，每个人都不能保证自己不犯错误，所以，像上面的案例中，丹妮丝本是一个很有能力的营销总监，可是玛丽仅仅因为她的炒员工的"鱿鱼"并非想象的那么简单。作为公司一方，应该制定完善周密的规章制度，未雨绸缪；同时，应该履行告知的义务，这样，解聘才能有法可依，有据可查，才能顺利履行公司的管理权力。作为员工个人，在入职的时候，就要认真阅读、理解劳动合同、员工手册以及其他所有的人力资源管理方面的规章制度，这样不但有助于自己更好地工作，同时也可以避免违反公司的规则。

一次违规就将其辞掉，这真是得不偿失。

3. 要有一个合理的处罚措施

处罚也并非一帆风顺。在制定处罚条款的时候，还要考虑操作性。曾经有许多公司在员工手册中有一条规定，"上班时间不允许阅读与业务无关的书籍"。但试问这样的规定如何举证？如果你的员工和公司对簿公堂，公司如何证明员工的确在工作时间看了"无关"的书籍？这样的条例无法执行，写了还会降低制度的权威性，不写也罢！

某些管理者制定的规章制度更是有悖于法律，最典型的就是不允许在公司内部谈恋爱，或者不允许怀孕生子。这样的规章制度一旦公布，无异于授人以柄。

其实，处罚违纪员工的方法有许多种，制度的制定一定要遵守可执行性、合法、合情的原则，同时，要在约束员工的同时，为公司留有一定的余地。

事业停滞导致人才流失

采取正确的措施，加强相互间的沟通，就会使组织的成员迅速地从"事业停滞期"的阴影中走出来。

管理事典 ————————

珍妮是一家广告公司的管理者，最近她却发现员工们总是坐在一起闲谈，工作也没有劲头。她决定问一问这些人究竟发生了什么事。

"卡尔，你能告诉我你为什么不去好好工作吗？"

"我越来越觉得我们的工作没有什么意思。"

"是什么原因呢？你觉得你的待遇不好吗？"

"不，恰恰相反，我觉得我的工资和福利待遇都非常的好。"

"那么，就是你家里有什么事？"

"不，不是这样，没有。"

"那么，你说说，问题出在哪里？"

"我总是重复同样的工作，感到很困乏；另外，我觉得我们公司似乎也有些在原地踏步。"

个人事业经过发展后，进入一个相对稳定、静止不前的时期。我们也可以把事业停滞期看作这样一种状态，即个人在组织中，因为主、客观方面的原因，陷入了一种自我维持而不能得以改变的境地，我们可以形象地把它称作"职业高原"。

为什么会出现"事业停滞期"？事业停滞期的出现不是偶然的，

它的出现既有组织方面的原因，也有个人方面的原因。从组织层面来说，组织结构、组织文化都可能导致员工处于事业停滞期，而个人的价值观，心理、生理状况也会导致事业停滞期的出现。

1. 组织结构

组织中的结构层次是有限的，人们在每一次晋升之后，都会处于一个相对稳定的静止期。

深入分析

员工进入一个组织后，就开始了事业生涯的稳步发展过程，他们不断地经历职务晋升、薪酬增加，一步步走向自己事业生涯的顶峰。但是，这种发展过程不是永无止境的，通常在经历过一段时间的快速发展之后，就会进入另一个阶段——维持阶段，也就是通常所说的"事业停滞期"。

而随着职位的逐步上升，这个静止期越来越长，因为传统金字塔式的组织，越往上职位也就越少。金字塔组织的层次呈阶梯状，每一层次间的宽度差别很大，落差也很大，许多人认为组织的层次是直线式的，可以一直向上晋升，而实际上金字塔的斜坡是不规则的，常常会造成中断。

2. 超级提拔

每一个人总趋向晋升到他所不能胜任的职位。因为一个人被提升到高一级的职位后，如果他能够继续胜任，将进一步得到提升，直到达到他们所不能胜任的位置。结果那些本来可以在低一级职位上施展才华的员工，却被提拔到一个自己无法胜任、级别较高的职位上，并且要在这个职位上待下去。

组织中的每个人都最终要走向事业停滞期。因为只要处在个人能胜任的职位的话，就可能会向上晋升，直到晋升到一种自己不能胜任的职位。如果在原有的位置上不晋升，他就当然处于停滞期了。

3. 管理者的知觉性偏见

由于人们在脑子里形成了一些陈腐印象，持有这些印象的管理者尤其是一些高层管理者，对组织中某些群体带有偏见，认为他们无法胜任工作，或者不能表现较好的工作绩效，从而限制了这群人在组织中的发展，造成了他们在组织中的停滞状态。

4. 人际关系的限制

个人在组织中的人际关系也会导致这种停滞。组织中的个人是以群体的形式而存在的，每个人都喜欢与自己"圈内人"在一起工作，对他们持有较高的评价，而对于那些被认为是群体外部的人，则给予较为严格的评价。

5. 个人技能方面的原因

变革是经常性的，组织中的个人如果不能适应外部的变化，不能随着组织的发展及时学习新的知识、掌握新的技能，就会在组织中处于被动地位，最终进入寒冷的"事业停滞期"。

6. 个人心理方面的原因

个人心理处于满足状态时，往往会走上自我维持的道路。他们贪稳怕变，满足于现状，不思进取，事业发展缓慢。中年危机是这种心理状态的典型代表，中年之前，生活取向为适应和顺从外部世界，为自己的生计而奔波，不知道自己所走的路是否正确。而到中年时，人会重新认识外部世界、评估自己。这段时期，如果他们不能正确地评估和转型的话，就会进入事业停滞期。因此，人们经常把人到中年看成发展停滞。

正确方法

如何管理组织中的"事业停滞期"？

1. 管理者必须改变组织的文化，以使不再晋升的人通过新的挑战来获得新的尊重和成功

传统的组织文化需要改变，成功的含义必须扩大。除了那些能排除万难进入组织高层的少数人士，它还应包括那些持续求知的人、保持产出的人和不断改进生活的人。我们关于成功的概念必须改变，应该让人们能在工作中和生活中无时无刻不感到成功。

2. 重新进行工作设计，发展非专业化的职业道路

经验表明，如果组织成员长期从事某一项工作，就会感到枯燥无味，工作满意度下降，工作懈怠，最终陷入停滞状态。

3. 实行宽带薪酬，淡化职位观念

根据美国薪酬管理学会的定义，宽带薪酬是指对多个薪酬等级以及薪酬变动范围进行重新组合，从而变成只有相对较少的薪酬等级以及较宽的薪酬变动范围，每个薪酬等级的最高值与最低值的区间变动比率要达到100%以上。

实行宽带薪酬后，决定员工在组织中角色的不是职位，而是员工拥有的技能和创造的绩效，绩效工资和技能工资在薪酬中占比相对较大，从

而降低了职位工资的权重，使那些晋升不上去、处于结构性停滞期的员工能够拿到较高的薪酬，绕过职位的障碍。

4. 注重对个人技能的培训与开发

培训是让员工满足当前的工作需要，而开发是让员工达到未来的工作要求。能干的员工并非永远能干，员工的技能随着时间推移会老化，变得陈旧过时。激烈的竞争、迅猛的技术变革、提高生产力水平的要求，这就是组织每年要花费巨资对员工进行正规培训的原因。

人员不能最优化

你的团队若是一个最优组合的话，你的企业才是无坚不摧的。

管理事典 ——————

两位人力资源管理者正在聊天：

"做人力资源部管理者以来，干得最多的活是招聘，最怕的是出其不意接到员工的辞职信。"

"人员的非正常离职，尤其是核心骨干员工的离职，往往让管理者倍感被动。"

"他们总是拣最不合适的时候离开。当优秀的人才——尤其是那些你特别想挽留的人决定离开时，这种现实会刺痛你。"

为什么有些人进公司时高高兴兴上班来，最后却陆陆续续离职去？当企业的非正常离职从个体行为发展为一种现象、一股潮流时，管理者应该反省：是雇主不仁还是雇员不义？是招人策略有问题还是用人机制出了毛

病？是经营思路产生偏差还是企业文化变了味儿？为什么自己管理的人员总是不能实现最优化呢？所以，离职管理绝不是一个简单或轻松的话题。

谁要离开？为什么要离开？他们要去哪里？如何能让他们不离开？这是企业在进行"离职管理"时最想知道的。咨询公司研究发现，有3类人、3个时期的员工比较"危险"：人到中年、中等收入、中层干部；试用期新人、工作2年后的待升迁者、在职5年后的工作厌倦者。

一般而言，员工进入企业后有3个离职高峰期。

（1）试用期间。员工与企业还处于磨合期，对企业尚未有归属感。一旦新人发现工作性质与期望不符，或工作量超出他们的能力，或者是与老板不和，就会立刻萌生去意。

（2）在职2年后的。员工经过一段时间的工作，对企业、对手头的工作都已熟悉，渴望有更多的机会、更大的挑战，因此希望能得到升迁。尤其是如果同时进入公司的同事、同学有提职，而他没有机会时，他会急切地寻找外面的机会。

（3）在职5年后。当可以预知的升迁越来越慢，而机会越来越少，对于现有企业没有新鲜感时，这些已经担任主管的人就会开始想

找寻外面的机会。

正确方法

怎么样才能避免这种人员的流失，使人员实现最优化呢？

1. 招适合自己企业的人

员工离职大体原因无外乎内因、外因两方面：外面有更好的机会在诱惑，而企业内部又出现一些矛盾，如对公司薪资福利不满意，与主管相处不和谐等。外因只是促进因素，内因才是根本的决定因素。内因又可以从以下8个方面来考察：对公司薪资福利不满意；对公司发展不满意；对自己从事的行业不满意；受人际关系影响，如不适应主管的管理者风格、同事关系紧张等；对工作环境不满意，如离家太远、经常出差等；对学习机会不满意，如希望学习更多的技能、从事更有挑战的工作等；追求职位升迁；个人原因，如出国、生育、留学等。

除了价值观的冲突，人还有个性、行为风格、职业兴趣等方面的差异。不同的人，其职业兴趣取向不同：有的人是社交型，喜欢和人打交道；有的人是研究型，对有深度、难度的事情很好奇；有的人是艺术型，对美的事物很敏感；有的人是经营型，对数字、结果很敏感。不同的兴

妙语点评

招募新人需要成本，训练上手需要成本。万一员工带走技术与客户，投奔到竞争对手那里，则是更大的损失。员工决定离开或留下，通常不是单纯某一方面的原因，而是综合因素在起作用，而且不同的人、职位、年龄、性别、教育背景等的因素影响离职原因各不相同。为了减少人才流失，使人员最优化，企业管理者应该从根本上来把握、构筑企业的人才管理工程。

趣取向对职业的期望不同，适合从事的工作不同。

2.让想做事的人有事可做

事业的机会与发展的空间，这是很多管理者在吸引人才、留住人才方面屡试不爽的"低成本"经验。

一个追求上进的员工，总希望能积累更多的经验，担当更重要的责任。

3.在绩效考核的基础上提升待遇

"薪资待遇"这一因素在吸引人才、留住人才方面仍然有着很重要的作用。

不培养员工的忠实度

员工对企业忠实才能发挥出团队的最大价值。

管理事典 ——————

这是一家公司的现状：

经常听到"忠诚员工"的抱怨："分公司老总在位子上才一年就调走，派个新手来，又要重新熟悉市场、重新熟悉客户，累不累？有必要吗？这样大范围的人员变动，进进出出，尤其是年底的职务轮换，把人心都搞散了，公司这样发展下去会有好结果吗？"

管理者抱怨："我才做了一年分公司总管，客户关系刚熟悉，业务刚上手，又要换地方了，这不是瞎折腾吗？对公司有什么好处呢？真不明白，这也太累了，总公司也一样，3个月没回总公司，我就成'新员工'了，很多人都不认识了，前台小姐问我找谁，还要我登记。"

客户抱怨："你们公司的人经常变，也不知道要做什么，这样怎能做业务？做业务是处感情的，感情才建立，就换人。我不用做业务了，时间全花在熟悉你们公司的人上了。政策也是经常变，一个人一个政策，旧政策持续时间不超过3个月，新的政策就下来了，这业务怎么做？"

销售代表抱怨："今天是这个管理者当政，他的风格说是要控制，加强管理。明天是那个管理者当政，又说要授权，给销售代表空间和权力。变来变去，让我们怎么适应，还做不做业务了？把客户都折腾没了。"

深入分析

从上面的案例中，我们看到，这个企业的管理者总是在变革。也许他认为，现在的社会是一个不断变化的社会，应该也以变化的方式来迎接各种挑战。可是，我们从各种抱怨中看到了数种不利的状况。

1. 人心惶惶

每个员工都有一种朝不保夕的感觉，当然这在一定程度上促进了员工工作的积极性和应付变化的能力，可是，他们更需要的是稳定，谁愿意老是处在动荡不安中呢？

2. 工作重复

因为人员的不断变动，使得很多工作不得不重新再做一遍，造成了很大的浪费。

3. 员工往往无所适从

管理者的不断更换，使得工作方式也在不断变化，员工们不得不一个优秀的管理者应该让他的员工们处于这样一种状态：他们是值得信赖和尊重的，是愿意工作的，能得到成就感、自尊感和自我实现等高层次需求的激励，是有进取心和创造性的。"以人为本"不能只是企业挂在口边的一句空话，而应真正下功夫去择人、用人、知人、培养人，要把"以人为本"的价值观真正体现在企业的各项制度和理念之中。

跟着变，结果都是一头雾水，不知到底该如何做才好。

上述种种情况，造成了员工的忠实度降低。

是否拥有一支一流的人才队伍，怎样吸引和留住人，是评价一个优秀管理者能力的主要因素。许多人绞尽脑汁、想尽办法引进人才，也投入许多人力、物力、财力去挖掘和培养企业内部员工的各方面能力，以形成独特的人力资源优势，需要员工对企业的忠诚感。而另一方面，员工对企业的忠诚感却越来越弱，企业管理者花大力气培养的人才流失了。这不但增加了企业的人力成本支出，影响企业正常的工作秩序，更有甚者，还有可能随之丧失企业的商业机密、核心技术、管理秘诀等企业的重要资源，给企业造成严重损失。那么，管理者应怎样防微杜渐呢？方法只有一个——通过一定手段和措施来增进员工对企业的忠诚感。

正确方法

在企业实施兼并、重组以及内部人事管理创新（如末尾淘汰制）时，培养员工对企业的忠诚感越发重要。

1. 强化企业文化建设

企业文化建设需要企业管理者通过各种方法

和机制，整合企业现有资源，在企业内部建立一种有利于企业发展、增进员工忠诚感的主导价值观。

2. 树立"以人为本"的企业价值观

管理者应清楚地认识到人才是企业最重要的、能不断开发的资源，在实际中应改变过去那种视人力为成本的观点，而应将人力看成企业资本，科学地开发、使用这种具有创造性的资源，为企业创造财富。

3. 建立公平竞争机制

公平竞争机制主要体现在人力的使用与管理方面。为了使企业员工有更多的发展机会，使他们不断地自我学习、自我提高，在择人、用人方面应充分挖掘内部人员的潜力。而且，内部选拔有助于对参与竞争者进行全面了解，迅速进入工作状态，节约招聘成本。另一方面，要防止"拉关系、走后门"，在实施过程中把握公平竞争的原则，使每一位员工都有晋升的机会，以促进企业内部人员的合理流动。

自缚手脚

砸开枷锁，超越角色关系的束缚，管理者不是单一的领导者。

管理事典 ——————

"我最近总是不能保持镇静和理智，有时候简直就要到了发狂的地步。"

"那么你的许多决策肯定会受到你情绪的影响。"

"不，我总是看到我的下属们都变得言听计从、唯唯诺诺。"

"我宁愿用那种脾气不好但敢于讲真话的人。因为只有这种人在你的身边一直提醒你，你才会时时刻刻清楚地看到自己的行为，而不至于让你的决策因为你是领导者而失衡。"

管理者的自缚手脚主要有以下几种：

1. 地位、身份的束缚

管理者首先是因为其本身就处在企业组织结构的高层而具有很高或较高的地位，拥有特殊的或突出的身份，然后又因为他取得了杰出成就而获得更高的存在地位和更为突出的身份。而高高在上的地位和突出显赫的身份除了会给地位和身份的拥有者以很大的优势和大量社会资源外，还可能是一种限制，像一根无形的绳索把他束缚起来。管理者地位和身份的束缚所产生的影响是多方面的，除了限制其解放思想和开拓创新外，还会对企业和市场产生不良的影响甚至是严重的负面作用。

2. 思维方式的束缚

管理者因为经历了成功的坎坷和磨炼，所以一般来说都是经验丰富、见解独到，可是也正因为这一点，管理者对于自己太过自信而阻塞视听，以自己的思维方式来决定一切领域的决策。

循规蹈矩、没有创新意识的人，会在工作中四处碰壁；墨守成规、缺少创新理念的管理者，会在竞争中遭到淘汰。创新是个人进步的动力、企业发展的灵魂。优秀的管理者应该在企业中营造创新环境、激发员工的创新精神。

3. 角色关系的束缚

管理者处于领导地位，就应该扮演领导角色和承担领导责任。这是一种由客观的角色关系所规定的社会责任。你要扮演领导的角色就必须承担起领导的责任。不然，你就是放弃领导，或者员工会抛弃你的领导。可见，角色关系的规定或束缚是客观存在的。管理者所处的多种多样的角色关系既是鞭策和促进，又是束缚和限制。

4. 自我人格的束缚

对于管理者来说，无论是事业成功之绳索及其束缚，或者是地位、身份之绳索及其束缚，还是角色关系之绳索及其束缚，都可以归结为其自我人格之绳索及其束缚。事业成功会培育和增进自信，这对管理者来说是极为重要的，会促使他继续把已经获得成功的事业做大和做强，但是也可能引起盲目的乐观，甚至造成自负。同时，地位、身份是管理者存在及发挥作用的重要社会基础和条件，角色关系是企业家的基本的社会根据和丰富的社会源泉，它们都保证、支持和帮助管理者形成自我与人格。管理者会把他基于特定地位和身份的角色作为自我来接受，产生角色自我。这是保证其扮演好管理者角色的基础与根据。

正确方法

为了避免管理者受到自己的束缚，管理者可以试着做以下几点：

1. 突破自己

要想突破自己就要有创新精神。创新意味着从无到有，开风气之先，因而充满了风险和不确定性，有可能遭到挫折或失败，但风险往往又意味着机遇和未来。麦当劳连锁店的创始人克罗克认为："成就必须是在战胜了失败的可能、失败的风险后才能获得的东西。没有风险，就没有取得成就的骄傲。"所以，美国企业热情地鼓励尝试和冒险，积极支持员工的创新思想和创新行动，同时又能宽容地对待失败，甚至鼓励犯错误，以保护员工创新的热情和积极性。

2. 忧患意识

"没有什么比昨天的成功更加危险。"这是美国企业传达的一种管理理念。

在硅谷，每年都有近 90% 的创新公司破产。所以，美国企业和企业家信奉"世界属于不满足的人们"这句格言，很少陶醉在已有的成就之中，而是善于忘掉过去，面向未来，勇于变革。

惠普公司原董事长兼 CEO 卢·普拉特说：

"过去的辉煌只属于过去而非将来。"未来学家托夫勒也曾经指出："生存的第一定律是：没有什么比昨天的成功更加危险。"因此，美国企业普遍有一种强烈的忧患意识和时不我待的紧迫感和危机感，及时把握创新的机会，并且敢于淘汰自己的技术或产品，"淘汰自己，否则竞争将淘汰我们"（微软公司），"吞噬现有的产品是保持领先的途径"（卢·普拉特）。

图书在版编目（CIP）数据

别输在不懂管理上 / 冯为中著 . -- 北京 ：线装书
局，2018.3（2018.10）
ISBN 978-7-5120-3040-4

Ⅰ．①别… Ⅱ．①冯… Ⅲ．①企业管理－通俗读物
Ⅳ．① F272-49

中国版本图书馆 CIP 数据核字（2017）第 303496 号

别输在不懂管理上

著　　者：冯为中
责任编辑：李津红
出版发行：**线装書局**
　　　　　地　　址：北京市丰台区方庄日月天地大厦 B 座 17 层（100078）
　　　　　电　　话：010-58077126（发行部）010-58076938（总编室）
　　　　　网　　址：www.zgxzsj.com
经　　销：新华书店
印　　制：北京海石通印刷有限公司
开　　本：880mm×1230mm　　1/32
印　　张：8
字　　数：155 千字
版　　次：2018 年 10 月第 1 版第 2 次印刷
印　　数：5001—10000 册

定　　价：36.00 元

线装书局官方微信